全国革命老区县发展史丛书·广东卷

惠州市惠城区革命老区发展史

惠州市惠城区革命老区发展史编委会　编

SPM 南方出版传媒　广东人民出版社
·广州·

图书在版编目（CIP）数据

惠州市惠城区革命老区发展史／惠州市惠城区革命老区发展史编委会编．—广州：广东人民出版社，2021.6
（全国革命老区县发展史丛书·广东卷）
ISBN 978-7-218-14917-2

Ⅰ．①惠…　Ⅱ．①惠…　Ⅲ．①区（城市）—地方史—惠州
Ⅳ．①K296.55

中国版本图书馆CIP数据核字（2021）第057507号

HUIZHOU SHI HUICHENG QU GEMING LAOQU FAZHANSHI
惠州市惠城区革命老区发展史
惠州市惠城区革命老区发展史编委会　编

出 版 人： 肖风华

责任编辑： 伍茗欣
装帧设计： 张力平等
责任技编： 吴彦斌　周星奎

出版发行： 广东人民出版社
地　　址： 广州市海珠区新港西路204号2号楼（邮政编码：510300）
电　　话：（020）85716809（总编室）
传　　真：（020）85716872
网　　址： http://www.gdpph.com
印　　刷： 广州市浩诚印刷有限公司
开　　本： 715mm×995mm　1/16
印　　张： 16.5　**插　　页：** 4　**字　　数：** 260千
版　　次： 2021年6月第1版
印　　次： 2021年6月第1次印刷
定　　价： 66.00元

如发现印装质量问题，影响阅读，请与出版社（020-85716849）联系调换。
售书热线：（020）85716826

广东省编纂《革命老区县发展史》丛书
指导小组

组　长：陈开枝（广东省老区建设促进会会长）

副组长：林华景（广东省老区建设促进会常务副会长）

宋宗约（广东省农业农村厅二级巡视员、广东省老区建设促进会副会长）

刘文炎（广东省老区建设促进会副会长）

郑木胜（广东省老区建设促进会副会长）

姚泽源（广东省老区建设促进会副会长兼秘书长）

谭世勋（广东省老区建设促进会副会长）

廖纪坤（广东省农业农村厅总经济师）

办公室

主　任：姚泽源（兼）

副主任：韦　浩（广东省农业农村厅扶贫协作与老区建设处处长）

柯绍华（广东省老区建设促进会副秘书长）

伍依丽（广东省老区建设促进会副秘书长）

惠州市编纂《革命老区县发展史》丛书
指导小组名单

组　长：王开洲（市委常委）

副组长：陈恩强（惠州市老促会会长）

　　　　李文忠（惠州市老促会副会长）

　　　　朱毅凡（惠州市委组织部副部长、老干部局局长）

成　员：季广龙（惠州市老促会副会长）

　　　　聂炳兴（惠州市老促会副会长）

　　　　钟旺兴（惠州市老促会副会长）

　　　　刘育青（惠城区老促会会长）

　　　　王寿铨（惠阳区老促会会长）

　　　　李江雁（惠东县老促会会长）

　　　　郑继生（博罗县老促会副会长）

　　　　王庆元（龙门县老促会会长）

　　　　黄裕章（大亚湾老促会会长）

《惠州市惠城区革命老区发展史》编纂委员会

顾　　　问：刘光滨　吴献民　翟树宇　张莉兰　陈　娟
凌　战　张文正　黄智勇　王云波　钳颖杰
陈广文
主　　　任：刘政振
常务副主任：陈智明
副　主　任：黄友良　邓力平　肖　毅　傅茶生　李岳霖
委　　　员：刘育青　曾繁中　余立健　黄志生　李火明
张道政　叶　锋　何麟隆　胡谭波　杨小鸯
主　　　编：刘育青
执 行 主 编：肖建国
常务副主编：严伟兴　黄裕章
副　主　编：林少群　翟荣文　郑秀红
编　　　辑：黄新才　杨越红　房　颋　梁容斌　杨明镇
张燕娴　张燕明　李　艳　张雪婷　江惠源
林柱强　肖　纯

总序

在举国欢庆新中国成立70周年前夕，中国老区建设促进会王健会长请我为《全国革命老区县发展史》丛书作序，作为一名在老区战斗过并得到老区人民生死相助的老兵，回首往事，心潮澎湃，感慨万千，深感义不容辞，欣然应允。

中国革命老区，是以毛泽东为代表的中国共产党人在领导人民推翻帝国主义、封建主义和官僚资本主义三座大山，争取民族独立和人民解放伟大斗争中建立的革命根据地，在这片红色的土地上，诞生了无数可歌可泣的革命英雄儿女，为后人树起了一座不朽的丰碑，她是新中国的摇篮，是党和军队的根。

在艰苦卓绝的战争年代，老区人民把自己的命运与中华民族的命运紧紧地联系在一起，与中国共产党和人民军队的命运紧紧地联系在一起，他们生死相依，患难与共。我曾亲历过战争年代，并得到过老区红哥红嫂的救助，切身感受到发生在身边的一幕幕撼天动地的革命故事，在那极其艰难的条件下，老区人民倾其所有、破家支前，不怕艰难困苦，不怕流血牺牲。“最后一碗米送去做军粮，最后一尺布送去做军装，最后一件老棉袄盖在担架上，最后一个亲骨肉送去上战场”，这是当时伟大的老区人民为建立新中国做出巨大牺牲的真实写照，它将永远镌刻在中国共产党、中国人民解放军、中华人民共和国的历史丰碑上。他们的光辉业绩永载史册，他们的革命精神必将影响一代又一代的革命新人，造就一代又一代的民族脊梁。

在社会主义革命和建设时期，革命老区和老区人民响应党的号召，面对落后的面貌、脆弱的经济、恶劣的生态环境，他们本色不变，精神不丢，自力更生，艰苦奋斗，干一行爱一行。始终坚持“革命理想高于天”，自觉做共产主义远大理想的坚定信仰者和忠实实践者，勇于向恶劣的自然环境和贫穷落后宣战，他们在各条战线上为国建功立业，用平凡的双手创造了一个又一个不平凡的奇迹，彰显了老区人的崇高精神和人格力量。

在改革开放的伟大进程中，老区人民解放思想，勇于创新，发奋图强，攻坚克难，老区的经济社会建设取得了辉煌成就。特别是在改变中国的面貌、中华民族的面貌、中国人民的面貌、中国共产党的面貌的伟大实践中发挥了至关重要的作用。老区人民既是改革开放的参与者，也是改革开放的推动者。

艰苦练意志，危难见精神。老区人民在近百年的革命战争、社会主义建设和改革开放的伟大实践中，孕育形成了伟大的老区精神：爱党信党、坚定不移的理想信念；舍生忘死、无私奉献的博大胸怀；不屈不挠、敢于胜利的英雄气概；自强不息、艰苦奋斗的顽强斗志；求真务实、开拓创新的科学态度；鱼水情深、生死相依的光荣传统。这是党和人民宝贵的精神财富、丰厚的政治资源，是凝心聚力、振奋民族精神的重要法宝，也是社会主义核心价值观的重要内容。

中国老区建设促进会怀着强烈的政治责任感和历史使命感，组织全国各地老促会人员克服困难，尽心竭力编纂《全国革命老区县发展史》丛书，记录老区的光辉历史和辉煌成就，传承红色基因，弘扬老区精神，是功在当代、利及千秋的一件大事。手捧这部丛书的部分书稿，读着书中的故事，倍感亲切，深感这部丛书具有资政、育人、存史的社会功能，有着重要的时代和历史价值。它是不忘初心、牢记使命的源头活水，是赞颂共产党、讴歌老区人民的一部精品力作，是弘扬老区精神、传承红色记忆的丰厚载体，是一项继承优秀传统文化、弘扬革命文化、发展社会主义先进文化，坚定“四个自信”的宏大文化工程。它必将成为一种文化品牌，为各界人士了解老区宣传老区支持老区提供一部有价值的研究史料。希望读者朋友们能从中了解并牢记这些为党和民族的利益不断奉献的老区人民，从中得到教益，汲取人生奋斗的精神动力。

新时代赋予新使命，新起点开启新征程。让我们更加紧密地团结在以习近平同志为核心的党中央周围，坚持以习近平新时代中国特色社会主义思想为指导，增强“四个意识”，坚定“四个自信”，做到“两个维护”，弘扬老区精神，铭记苦难辉煌。为实现“两个一百年”奋斗目标，实现中华民族伟大复兴的中国梦作出新的更大的贡献！

迟浩田

2019 年 4 月 11 日

2017 年 6 月，中国老区建设促进会组织全国各地老促会启动编纂《全国革命老区县发展史》丛书，按照“建立中国共产党、成立中华人民共和国、推进改革开放和中国特色社会主义事业”三大里程碑的历史脉络，系统书写革命老区百年历史，深入挖掘革命老区红色文化资源，这对于充实丰富中国革命史籍宝库、在新时代传承红色基因、弘扬革命精神、强固根本，对于激励人们在新的历史条件下夺取中国特色社会主义伟大胜利，实现中华民族伟大复兴的中国梦具有重要意义。

丛书编纂以习近平新时代中国特色社会主义思想为指导，以《中国共产党历史》《中国共产党的九十年》等重要文献为基本依据，以党的领导为核心，以老区人民为主体，以老区发展为主线，体现历史进程特征，突出时代发展特色，坚持辩证唯物主义和历史唯物主义相统一、历史真实性与内容可读性相统一的原则，书写革命老区从站起来、富起来到强起来的光辉革命史、不懈奋斗史、辉煌成就史，把老区人民的伟大贡献、伟大创造、伟大成就、伟大精神充分展示出来，形成一部具有厚重历史特征和鲜明时代特色的精品力作。这是一部培根铸魂、守正创新，既为历史立言，又为时代服务，字里行间流淌着红色血脉、催生着革命激情的传世之作。丛书的编纂出版将成为讴歌党讴歌人民讴歌时代、传播红色文化、为革命老区和老区人民树碑立传的重要载体。

丛书按照编年体与纪事本末体相结合、以编年体为主的编写体例确定框架结构；运用时经事纬、点面结合的方式记述史实；坚持人事结合、以事带人的原则处理人与事的关系；采取夹叙夹议、叙论结合以叙为主的方法展开内容。做到了史料与史论、历史与现实、政治与学术统一，文献性、学术性、知识性相兼容。

为编纂好《全国革命老区县发展史》丛书，打造红色文化品牌，中国老区建设促进会认真组织积极协调，提出政治立场鲜明、史料真实准确、思想论述深刻、历史维度厚重、时代特色突出、编写体例规范、篇目布局合理、审读把关严格、出版制作精良的编纂出版总要求，力求达到革命史籍精品的精神高度、思想深度、知识广度、语言力度，增强丛书的权威性和社会影响力。各省（区、市）、市（州、盟）、县（市、区、旗）老促会的同志，以强烈的使命感、责任感和紧迫感，勇于担当，积极作为，认真实施，组织由老促会成员、专家学者等参加的十余万人编纂队伍。编纂工作主体责任在县，省、市组织协调、有力指导、审读把关。各方面人员以高度负责的精神和科学严谨的态度，满腔热情地投入工作，为丛书编纂出版做出了重要贡献。丛书编纂工作还得到了党和国家有关部委、地方各级党委政府及有关部门的大力支持和积极参与，社会各界也给予了热情帮助。中共中央政治局原委员、中央军委原副主席、原国务委员兼国防部长迟浩田上将，对老区人民怀有深厚感情，对革命老区建设发展十分关注，欣然为《全国革命老区县发展史》丛书作总序。

丛书由总册和1599部分册（每个革命老区县编纂1部分册）组成，共1600册。鉴于丛书所记述的史实内容多、时间跨度长和编纂时间紧，不妥之处，敬请批评指正。

中国老区建设促进会

省市有关领导到惠城区调研老区工作

惠城区老区办有关领导检查老区工作

惠城区江北商贸中心

东江之畔合江楼

威武雄壮朝京门

惠城区高新园

惠城区农业养殖基地

惠州海吉星农产品国际物流园

江北街道一景

惠州市第三人民医院

惠城区农业龙头企业——海纳粮油食品有限公司

仲恺区潼湖敬老院

马安镇水利设施

水口街道草莓园

惠城区横沥镇生活污水处理厂

龙塘村基本农田建设

通往城市的乡镇公路

仲恺区岗里村小学

马安镇龙塘村幸福院

水口街道姚村村文体广场

马安镇下良村水库

目录
contents

惠州市惠城区（含仲恺高新区）※是东江流域的政治、经济、文化中心，下辖18个镇（街道）、4个园区，总面积达1670.6平方公里，常住人口约170万人。其中惠城区下辖13个镇（街道），区域面积达1170.6平方公里，常住人口约120万人。仲恺高新区是1992年经国务院批准成立，并以近代民主革命先驱廖仲恺的名字命名的国家级高新区。2010年2月体制机制改革后，下辖5个镇（街道）和4个园区，辖区面积约500平方公里，常住人口近50万人。

惠城区（含仲恺高新区）共有革命老区镇（街道）10个，革命老区村53个。其中惠城区有革命老区镇（街道）6个，革命老区村40个；仲恺高新区有革命老区镇（街道）4个，革命老区村13个。2016年经广东省有关部门批准，惠城区纳入海陆丰革命根据地范围。

惠城区（含仲恺高新区）毗邻港澳，地理位置十分优越，是一片红色的革命热土。

这里的革命运动开展得如火如荼。早在清朝末年，革命先驱孙中山就在惠州领导了三洲田起义和七女湖起义，摧毁了地方军阀割据势力，为推动民主革命发挥了重要的作用。在大革命时期，周恩来曾主政东江，对惠州的革命运动产生了巨大的影响。

这里的人民极其优秀，英雄辈出。有国民党左派领袖、中国近代著名民主革命家、中国共产党的挚友、伟大的爱国主义者廖仲恺和著名的国民党左派领袖邓演达等。在浴血奋战的年代里，他们抱着满腔热血，为了祖国、为了革命进行着不屈不挠的斗争，为中国革命作出了巨大贡献。

这里的中共党组织坚强有魄力。不论是在战争年代还是和平建设年代，都发挥了顶梁柱的作用。在抗日战争中更是屡创奇迹，成立了广东人民抗日游击队东江纵队，开展敌后游击战，有效打击敌人，威震敌胆，为抗日战争胜利作出了积极的贡献。1941—1942 年，惠州人民与日、伪斗智斗勇，惠州作为秘密大营救的中转站，配合在香港的党组织转移爱国民主人士。最后，成功转移 800 余人，立下了不朽的功勋。在解放战争中，建立中国人民解放军粤赣湘边纵队等武装力量，配合人民解放军南下作战，为惠州的解放作出了应有的贡献。

值得一提的是，无论是在抗日战争还是在解放战争时期，惠州的华侨为了家乡的解放，出人出力出财物，与敌人进行了不屈不挠的斗争，他们的英雄事迹必将流传千古。

中华人民共和国成立后，惠城区（含仲恺高新区）在恢复生产、促进老区建设、脱贫奔康等方面，都能做到大胆解放思想，与时俱进，锐意创新，促进了经济社会的大发展，实现了老区人民生活大改善，又再立新功!

为了更好地学习贯彻习近平新时代中国特色社会主义思想，不忘初心、牢记使命，不忘历史、缅怀先烈，发挥红色资源优势，把红色基因代代传下去，惠城区（含仲恺高新区）积极响应中国老区建设促进会关于编纂《全国革命老区县发展史》丛书的号召，惠城区主要领导亲自挂帅，从人力、物力、财力上给予保障，组成强有力的编纂班子，夜以继日，协同努力，以实现在最短时间内把《惠州市惠城区革命老区发展史》编辑成册的目标。《惠州市惠城区革命老区发展史》共七章，以阐述大革命时期、土地革命时期、抗日战争时期、解放战争时期的史实为重点，同时用典型事实，介绍了惠城区（含仲恺高新区）历届党委、政府认真贯彻中央、省、市有关指示，采取强有力的措施，帮助老区解决“一保五难”、脱贫奔康取得的成效。全书史实翔实、图文并茂，内容十分丰富，是一部全面、系统、极具教育意义，反映惠城区（含仲恺高新区）近现代革命战争史及社会经济发展史的珍贵的历史文献。我们希望此书能在惠城区（含仲恺高新区）精神文明建设中发挥积极的作用，为实现“两个一百年”宏伟目标作出应有的贡献。

※ 含仲恺高新区：本书是惠城区与仲恺高新区合在一起编写的，为方便表述，以惠城区为主，特注明，后同。

1

第一章

区域和革命老区概况

第一节 基本概况

惠城区（含仲恺高新区）位于惠州市中部，地处东江中下游平原区，毗邻深圳、香港，是惠州的政治、经济、文化、金融和商贸中心区。

惠城区建制于1988年，现辖三栋、汝湖、马安、横沥、芦洲5个镇，以及桥东、桥西、龙丰、江南、江北、河南岸、小金口、水口8个街道，全区总面积1170.6平方公里，常住人口约120万人，其中户籍人口79.98万人。

仲恺高新区是1992年经国务院批准成立，2010年行使县（区）一级行政管理权限的国家级高新区，下辖陈江、惠环、沥林、潼侨、潼湖等5个镇（街道）和仲恺高新科技产业园、东江高新科技产业园、惠南高新科技产业园、中国留学人才发展基地等4个园区，辖区面积约500平方公里，常住人口近50万人。

这里历史悠久，自隋开皇九年（589）建城至今已有1400多年的历史，自然景色秀丽，汇江湖之美，聚山泉之秀，集山、江、泉、湖、瀑于一地，融自然与人文景观于一身，有“半城山色半城湖”之美称，是一座“城在山水中，家在花园里”的魅力之城。

这里四季宜人，东江、西枝江穿城而过，水资源非常丰富，具有春润、夏湿、秋干、冬燥的特点。这里山地约占60%，平原占30%左右，丘陵不足10%。随着城市的发展，外来人口逐年增多，这里全面流行普通话。

惠州西湖一角

这里不但山水秀美、人杰地灵，而且文化底蕴十分深厚。辖区内有美丽的惠州西湖和秀丽的高榜山，以及历史悠久的准提寺、永福寺和元妙观。这里人文荟萃，不仅有苏东坡、杨万里、文天祥等人留下的墨香，而且还孕育了廖仲恺、邓演达等一代豪俊。

目前，这里已形成了纺织服装、灯饰照明、LED（发光二极管）光电、移动通信、汽车电子、新能源、持续型消费等产业集群，以及以移动互联网、平板显示、智能装备三大产业为主导的新型产业园区。先后获得“国家电子信息产业基地”“国家火炬计划惠州数码视听产业基地”“广东省民营科技园”“广东省小企业创业基地”“中国电子信息产业基地”“中国男装名城”等多种荣誉称号。

惠城区还先后获得了“中国优秀旅游城市”“国家卫生城市”“国家园林城市”“国家环境保护模范城市”“中国人居环境范例奖”“全国文明城市”等一系列国家级荣誉称号和奖项。

第二节 历史沿革

新石器时代，惠城区（含仲恺高新区）境内就已有人类活动。隋开皇九年（589），在榇山（今中山公园）设立循州府，辖归善、博罗、河源、新丰、兴宁、海丰六县。南汉乾亨元年（917）改称祯州。北宋天禧四年（1020），避太子赵祯讳，改祯州为惠州，自此有了“惠州”之称。

清雍正九年（1731），惠州府辖归善、博罗、海丰、河源、龙川、长乐、兴宁、和平、长宁、永安、陆丰十一县及连平州。清雍正十一年（1733），长乐、兴宁划归嘉应州，惠州府辖九县一州，直至清末。

1949 年 10 月 1 日，中华人民共和国成立；12 月，成立惠州镇。

1958 年 4 月，惠州镇改惠州市（县级），同年 11 月复为惠州镇。1963 年 7 月恢复惠阳专区，专署设在惠州镇，辖惠阳、博罗、河源、连平、和平、龙川、紫金、宝安、东莞、增城、龙门十一县。1964 年 11 月，惠州镇改为惠州市（县级）。

1988 年 1 月，撤销惠阳专区，改为惠州市（市级），设立惠州市惠城区。惠城区辖 5 个街道（桥东、桥西、江南、江北、龙丰）和 5 个镇（汝湖、三栋、惠环、河南岸、小金口），43 个村委会、50 个居委会。

2003 年 3 月 6 日，经国务院批准，将原属惠阳市所辖的陈江、潼湖、潼侨、沥林、水口、马安、横沥、矮陂、芦洲、大岚等 10 个镇以及博罗县的仍图镇划归惠城区管辖。

2010 年 2 月，惠城区再次进行区划调整，将所辖的部分镇（街道）划归仲恺高新区。至此，惠城区、仲恺高新区就形成了现在的所辖区域。

第三节 发展优势

惠城区与仲恺高新区原本是一体的，因经济社会发展的需要，才进行区划调整。整个片区地理位置优越，历史文化底蕴深厚，人文景观多姿多彩。

交通方面。这里是珠江东岸的交通要津，东至汕头280多公里，西去广州130公里，南往香港（深圳）80公里，离惠州港仅46公里，距惠州机场12公里。高速路网四通八达，交通条件非常便利，主要有潮（州）（东）莞、河（源）惠（州）（东）莞、粤赣和博（罗）深（圳）“两横两纵”高速公路；轨道交通纵横交错，主要有赣（州）深（圳）高铁、广（州）汕（尾）高铁、（北）京九（龙）铁路及（东）莞惠（州）和深（圳）惠（州）等城际轨道接驳交错。

园区方面。惠城区从1988年开始加大对工业园区的建设，随着入园企业的增多，园区的规模和功能也逐步细化。惠城区先后建成的工业园区有三栋数码工业园、小金口高新科技产业园、水口民营工业园、马安工业园、横沥工业园（简称“1+4”工业园区），园区总面积约27.28平方公里，入驻企业310家，规模以上企业135家，2017年工业总产值达275亿元。仲恺高新区重要园区：东江高新科技产业园，该产业园建成面积约9平方公里，以承接高端技术产业转移为目标，坚持高标准规划、高起点建设，目前已成为惠州市最具活力的科技新城。惠南高新科技产业园，该产业园成立于2002年1月，2006年批准为省级开发区，并更名为“广东惠州工业园区”，现该园区已引进国内外200余家企业，吸引投资额400多亿元。

文化方面。近年来，惠城区（含仲恺高新区）公共文化服务水平不断提高，文艺创作持续繁荣，文化事业和文化产业蓬勃发展。当前，已建有10家省特级综合文化站，4家一级标准综合文化站，所有行政村（社区）建有文化室、文化广场等群众学习、娱乐场所。文化室、农家书屋、文体广场在全区已实现全覆盖。在群众文化活动上，先后为普通百姓打造了“鹅城舞台秀”“社区文化节”等展示才艺的平台。其中，“鹅城舞台秀”被称为群众身边永不谢幕的“星光大道”。在剧目表演上，先后推出了话剧《小巷总理》、情景音乐剧《千年之约》、大型话剧《邓演达》、爱心音乐剧《一缕阳光》、惠州首部文旅剧《千年之约，鹅城幻影》等剧目。

商贸方面。积极实施“商贸兴区”战略，先后有沃尔玛、吉之岛、华贸等国内国际商业巨头相继落户。国美、苏宁、天虹、丽日等国内商业品牌也在区域内百花齐放。旅游业蓬勃发展，拥有雅居乐白鹭湖、富力洲际温泉等休闲度假区，并配套建成了康帝国际酒店、富力万丽酒店、富力洲际温泉度假酒店、皇冠洲际假日酒店、惠州凯宾斯基饭店等五星级酒店。在物流行业中，建成了金泽国际物流园、惠州海吉星农产品国际物流园等一批专业物流园区，初步具备了大湾区商贸中心的功能。

服务方面。惠城（含仲恺高新区）区委、区政府坚持人民主体地位，坚持立党为公、执政为民，践行全心全意为人民服务的根本宗旨，把人民对美好生活的向往作为奋斗目标，依靠人民创造历史伟业。近年来，在建设平安惠城中，先后开展了“东江亮剑”“五项整治”“天网工程”“扫黑除恶”等专项行动，严厉打击各种违法犯罪分子。在惠民利民工作中，惠城区坚持每年把新增财力的80%以上投向民生领域，新建学校由1988年的不足50所中小学校增至现在的148所。仲恺高新区在全市率先实现12年免费教育，率先推行“电子教育券”“幼儿教育券”“积分入学”和营养午餐工程，新改扩建中小学校15所，新增学位2万多个。在医疗服务上，惠城区完成了第三、第四人民医院的建设，完善区、镇（街道）和村（社区）三级医疗服务网络，保障了群众基本医疗需求。在扶贫救助上，全片区先后完善了全民医疗、养老、工伤、失业、生育等社会保障制度，人民群众的幸福指数与社会经济发展同步提升。

自然资源方面。整个片区自然生态环境优美，是一个宜居宜业生态之区。辖区内东江、西枝江穿境而过，大岚河、秋香江呈现“十里画廊”之景，广东省最大内陆淡水湿地——潼湖湿地坐落在仲恺高新区。整个片区大小山头千余座，大中型水库6座。片区内已创建国家级生态镇1个，县级森林公园3个，镇级森林公园6个，建设森林村庄120多个，森林覆盖率达42.50%，先后获得“广东省林业生态县（区）”“全国造林绿化先进单位”“国家森林城市”等荣誉称号。

人文资源方面。整个片区内有县（区）级以上历史古迹保护文物330余处，比较著名的有新石器时代的蚬壳角遗址，唐代的永平村窑遗址，泮沥的如玉楼、钱氏宗祠，墨园村的大夫第、恒兴书室，蔗埔村的将军楼、文笔塔、张氏祖屋，潼湖的美乾书室，惠城区内的“九街十八巷”、朝京门、明代古城墙等；出名的庙堂寺观有永福寺、准提寺、元妙观、大王宫、协天宫、谭公庙、天后宫等；有“广东粤菜师傅名村”墨园、“中国长寿第一村”新荣、“文武魁星村”蔗埔。历史上曾在这里生活过的人物有苏东坡、祝枝山、叶梦熊、伊秉绶等，近现代有邓演达、廖仲恺、青主（廖尚果）等，孙中山、周恩来等也曾在此进行过革命活动，并留下了可歌可泣的英雄事迹。

第四节 镇、村革命老区情况

革命老区是指在大革命、土地革命、抗日战争和解放战争时期，中国共产党领导的革命武装力量，为反抗封建军阀和国民党的反动统治以及日本帝国主义的侵略，开展武装斗争，并建立过革命政权的地区或村庄。

中华人民共和国成立后，广东省根据中共中央、国务院有关的方针政策，并结合全省的实际，基本以村庄（村民小组）为单位，进行了三次全省性的评划老区村庄工作，分别为1957—1959年评划，1989—1990年补划，1991—1994年评划。三次评划是一个不断完善、不断丰富的过程，评划标准主要有以下几条：曾在一定时期内（一般是在一年以上），建立过革命政权，对敌坚持武装斗争的村庄；在一定时期内，在中国共产党的领导下建立革命政权和群众组织，对敌开展过公开和秘密斗争而遭受敌人摧残的村庄；虽未建立革命政权或革命群众组织，但为游击队出入敌区的门户，且大部分群众长期积极参加或采取各种方式支持革命队伍，遭受敌人严重摧残的村庄；在游击队、武工队的党组织领导下，发动群众进行减租减息斗争和其他革命活动的村庄。在一个乡镇内，老区村庄或老区人口超过半数的乡镇确定为老区乡镇；属于中央确定的革命根据地所辖的县（区），且老区村庄或老区人口超过全县村庄或人口半数的县，可确定为老区县。

1996—1997年，经过三次评定的革命老区镇有：水口、马安、三栋、小金口、横沥、芦洲、陈江、沥林、潼湖、潼侨。革命老区村有：横沥镇的泰安村、横星村、观音山村、小岚村、大岚村、建安村、岚建村、峯洞村、岚联村、欧陂村，三栋镇的陶前村、坝山口村、上洞村，芦洲镇的三洲村、岚派村、富星村、上青村、横岭村、东胜村、群建村，马安镇的龙塘村、新楼村、下良村、黄严村，小金口街道的小铁村、九龙村，水口街道的澳背村、大和村、洛塘村、蓬陵村、三联村、上村村、万卢村、龙津村、万年村、下源村、新民村、姚村村、张村村、樟霞村。仲恺高新区的革命老区村有：陈江街道的东升村、青春村、幸福村、陈江村，沥林镇的企岭村、泮沥村、君子营村，潼湖镇的岗里村、新光村、三和村、五村村、玳瑁村，潼侨镇的金星村。

以上的革命老区村现有人口 8 万多人，大多数处于偏远山区，经济条件较差。也有部分老区镇（村）随着城市的扩张，已成为区域发展的黄金地段，经济社会等各项建设走在了全区的前列。但这只是少数村（社区），比如陈江街道的陈江村、水口街道的龙津村、马安镇的新楼村等。

为全面推进革命老区发展步伐，近年来，惠城（含仲恺高新区）区委、区政府先后出台《革命老区振兴发展工作意见》《革命老区精准扶贫工作方案》《革命老区发展规划》等一系列文件，从发展现代农业、加工制造业、旅游业、现代服务业、生态农业，以及基础设施、生态文明、公共服务的建设等方面，提出了切实有效的工作措施，确保老区持续健康发展。

进入 21 世纪后，惠城区（含仲恺高新区）对老区加大投入力度，推进了革命老区高标准农田建设，打造横沥镇、马安镇、芦洲镇、沥林镇、潼湖镇、潼侨镇粮食高产科技示范片。实施新农村现代流通服务网络工程，建设了一批农产品集散中心、专业交易市场和加工配送中心，打造了小金口、水口、陈江、仲恺等物流园区。同时，坚持品种特色化、基地规模化、生产标准化、经营产业化发展方向，积极发展无公害水稻、蔬菜、水果、油茶、中药材和茶叶等特色农产品及生态特色养殖业，先后建成马安、水口、小金口、沥林、潼湖、潼侨等一批特色农产品基地。

2

第二章

旧民主主义革命及大革命时期

第一节 惠州战略位置

惠州自古以来就是兵家必争之地，这里三面环水，地势险要，易守难攻，被誉为“南中国第一天险”。

惠州不仅是广州的东大门，更是水路安全的保障。占据惠州，有着天然的地利优势，进可攻、退可守，是理想的屯兵之所。

1905 年 8 月，孙中山、黄兴等留日志士在日本东京正式组建中国同盟会后，就把武装斗争提上了重要议事日程。

广东既有雄厚的会党势力易于聚人，又有多处出海口便于从海外接济军械。于是，孙中山和同盟会便把起义地点锁定在两广边界地区。而粤中的惠州、粤东的潮州及粤西的钦州（今为广西壮族自治区下辖地级市）和廉州四府，皆是最佳的选择范围。

1907 年 3 月，孙中山设粤桂滇三省起义指导机构于安南（今越南）河内，制定了两广乃至华南地区军事行动一揽子计划，其重要内容之一是确定在广东实行潮、惠、钦、廉四府一同起义，并决定以钦、廉为起义重点之区，以潮、惠为策应之师，在四府一同举事占领广东后，即进取广西和云南，然后北出湘赣和长江，最终直捣北京。

就这样，在惠州先后发生了三洲田起义、七女湖起义，起义虽然失败了，但它对历史的影响不可忽视。孙中山在回忆该段历史时感慨，正是举行起义，国人才开始渐渐了解革命、支持革命。

在惠州的两次起义是辛亥革命的前奏，其势头猛、影响大，振奋了孙中山和其他革命者的信心，为最终推翻清政府封建统治作出了卓越贡献，为武昌起义的成功奠定了基础。此外，起义队伍不屈不挠、顽强拼搏、无私无畏的革命精神一直激励着惠州人民。

第二节 三洲田起义

孙中山领导的三洲田起义，史称“惠州起义”“庚子革命”“庚子首义”，也有称“庚子惠州之役”。

清光绪二十六年（1900），当北方义和团运动全面展开、八国联军武装入侵之时，孙中山认为武装起义的机会到来了，就亲自率领一部分同盟会会员到香港部署起义。但由于港英当局阻挠，无法登岸，便改在船上开会，决定以广东新安的绿林队伍和嘉应州三合会党为主力，派郑士良到惠州三洲田负责指挥起义，孙中山则到台湾设法接济。

1900 年 10 月 8 日，郑士良、黄福等在惠州归善（今惠城区）三洲田（今属深圳管辖）集合三合会党 80 余人，加上群众共 600 余人猛袭新安沙湾，清军溃逃。10 月 15 日，起义军战于佛子坳，大败清军，缴枪 700 余支，俘敌数十名。起义军连败清军，声名大振。10 月 21 日，起义军经龙岗、淡水进至多祝，队伍发展到 2 万余人，准备作战至厦门与孙中山会合，以得到他在日本订购的一批军火补给。这时，日本新任首相伊藤博文突然改变了对华政策，下令禁止日本军火出口，并不准孙中山等革命党人在台湾活动。起义军虽然士气旺盛，但弹药已尽，在外无援军、内乏弹药的情况下，不得已只得按照孙中山的指示解散起义队伍，郑士良率一部分人员退往香港。

第三节 七女湖起义

七女湖，指惠州市惠城区汝湖镇。传说七位仙女下凡游玩，在汝湖地域流连忘返，天帝派天兵天将捉拿，七仙女化作七个湖，人称“七女湖”，后改名“汝湖”。

七女湖起义又称“丁未惠州七女湖之役”，是以孙中山为首的革命人士，为推翻清政府而发动的武装起义。

清光绪三十三年（1907）四月二十二日上午，三合会首领、汝湖下寮村人陈纯、林旺、孙稳等人在博罗县汝湖圩（今属惠城区）上庙杀了十几头猪就地砌灶烹煮，并派人到圩内和乡村通知乡民到上庙会餐。酒过三巡后，陈纯宣读了“招军榜文”，号召人们起来推翻清政府。此榜文颇具号召力，当场有数百人聚集起来，一举攻入清军巡防营，击毙巡勇多人，夺得扒船数只及一些枪械。起义的胜利，吸引着各处会众和农民纷纷前来投军。人们拿着长矛、铁耙、铁叉、菜刀、锄头等加入起义队伍。

起义军乘胜攻击，一连攻下杨村、三达、柏塘等地，起义人数增加到200余人。随后，起义军在水口、横沥、三径、蔗埔等地作战，攻势甚锐，所向披靡。同年五月二日，横沥巡防营管带洪兆麟率部到八子爷，被林旺率起义军50人在山坳伏击，清军伤者甚多。为支持七女湖起义，受孙中山委派的邓子瑜（博罗县人）积极在香港购置枪支弹药，并准备亲自押运已购买好的武器，从小路进入惠州接济起义军。当他得知潮州黄冈起义失败的消息后，便停止了支援行动。

七女湖起义共持续 10 多天，最终因得不到声援，遂在梁化圩解散。邓子瑜亦被香港华民政务司勒令离境。领导起义的陈纯逃亡香港，转赴南洋；孙稳则于 1909 年被清政府广东当局杀害。小部分起义军流亡香港，大部分退入罗浮山区。

第四节 飞鹅岭上的战斗

飞鹅岭位于惠州市惠城区，紧邻惠州西湖，高70多米，形似飞鹅，是惠州古城的一道天然屏障。相传古代有一位仙人骑着木鹅从遥远的北方飞来，看见惠州山清水秀，西湖风光美丽无比，便降落湖中不再离去。仙人的木鹅化作一座山岭卧于湖滨，即现在的飞鹅岭。因此，惠州也就有了“鹅城”的称号。

1921年，孙中山在广州宣布就任中华民国非常大总统，积极筹备北伐。时任广东省省长兼粤军总司令的陈炯明和北洋军阀吴佩孚勾结，企图阻挠北伐，提倡所谓“联省自治”，处处与孙中山的革命政府相对抗，并于1922年6月炮轰总统府。至此，孙中山决定讨伐陈炯明。

从1923年1月8日起，讨伐军只用35天时间就瓦解了陈炯明在广东的势力。陈炯明败退东江，据守惠州，并将叶举和洪兆麟的部队引进惠州，设总司令部于百花洲，陈炯明任总司令。

1923年夏秋之交，战争打响，孙中山亲赴惠州前线督战，登上飞鹅岭视察并指挥攻打事项。参谋长李烈钧将两门重炮搬到飞鹅岭阵地安置好，并请孙中山观看试炮。不料所发两发炮弹都打中了城墙，危及城墙边上百姓的安全。孙中山命令停止炮击，改用鱼雷攻城，但以失败告终。

1925年初，陈炯明乘孙中山北上之机，突然发兵广州，企图推翻由孙中山领导的广东革命政府。为肃清陈炯明的反动势力，统一广东，在中国共产党的倡导下，广东革命政府组织国民革命军于1925年进行了两次东征。

1925年2月1日，国民革命军开始第一次东征，在东征军奋勇作战下，不到两个月，陈炯明主力部队即被击溃，陈炯明率残部退入闽南。第一次东征胜利结束。

第一次东征结束后不久，陈炯明在外国帝国主义和军阀支持下再度进占东江，并企图进犯广州。1925年10月，国民革命军开始第二次东征。

第二次东征，由时任黄埔军校校长的蒋介石兼任东征军总指挥，黄埔军校政治部主任周恩来兼任东征军总政治部总主任。东征军于10月5日从广州向东江地区进发，11日东征军中路进入惠州城郊。因飞鹅岭地势较高，可以看到惠州城的整体布局，最适合当指挥高地，东征军便把这里作为前线指挥所。针对惠州城墙非常坚固的实际情况，蒋介石决定充分发挥炮兵威力，给予叛军猛烈攻击。东征军经过30个小时的浴血奋战，歼敌4000余人，终于攻克了号称“固若金汤”的惠州城。

飞鹅岭战役，突显了惠州重要的战略地位。如今，飞鹅岭已成为一个红色革命旅游胜地。有党史专家认为，飞鹅岭是国民革命军东征的重要遗址之一，它见证了第一次国共合作成功战例的重要史实。

第五节　周恩来主政东江

周恩来以共产党人的身份参加国民革命，在斗争中赢得人民的信赖和拥护，并赢得国民党左派和各界同盟者的信任。

1925 年 11 月 8 日，第二次东征胜利结束。国民政府出于对周恩来的影响力和其在东征中发挥重要作用的考虑，于 11 月 21 日任命其为广东东江各属行政委员。1926 年 2 月 1 日，周恩来宣誓就职，开创中国共产党人在一个地区主政的先河。

主政东江期间，周恩来一方面着手建立新的政权机构和群众组织，与旧势力作斗争；另一方面以帮助解决民众需求为重任，着手规划建设东江地区，改善落后的生活局面，提高人民的生活水平。

据有关史料记载，周恩来在东江地区主政期间曾多次召开行政会议，就制定市政、县政计划，制定教育、实业、水利、交通各项计划与各级官员协商。会议期间，共收到提案及计划书 297 份，报告及调查表 254 份，涉及各地户口、财政、教育、交通、实业、治安等具体问题。93 件议案获得通过，包括了治河、浚港、造林、筑堤及开辟省道、县道、街道等建设提案。

周恩来提出，革命者不仅仅以铲除苛政为满足，而应同时从事积极的建设。当时会议通过的提案中，有一部分在周恩来主政期间得到了落实。

第六节 周恩来与邓演达的革命情谊

邓演达是著名的国民党左派领袖，中国农工民主党的创始人，中国民主革命的勇敢战士，伟大的革命家和爱国主义者，优秀的军事家和军事教育家，也是中国共产党的“党外亲密战友”。邓演达是中国近现代民主革命史上一位贡献巨大、影响深远的人物。

1924 年，黄埔军校建立后，孙中山任命第一批陆军军官学校教官，邓演达担任训练部副主任兼学生总队长。为了把学校的声誉传播出去，孙中山希望中国共产党派遣得力的军事人才到军校工作。邓演达亦多次请从海外归来的张申府（当时是共产党员）从留学人员中举荐一些优秀者到黄埔军校执教，在邓演达的热情邀请下，张申府向黄埔军校推荐了 15 人，位列第一的就是周恩来。邓演达非常赏识周恩来的才华和人品，对其到黄埔军校就职起了极其重要的引荐作用。

1924 年 11 月，周恩来被任命为黄埔军校政治部主任。上任后，周恩来从建立政治部的正常工作秩序和工作制度，以及加强对学生的政治教育等方面入手，经过一番大力整顿，政治部的工作很快走上正轨，呈现出新的气象。

对于周恩来的才华，邓演达非常赏识，两人在同事期间始终团结合作，结下了深厚的友谊，成了亲密的战友。

黄埔军校建立初期，随着广州周边形势的急剧恶化，邓演达与周恩来、张治中等人，日夜带领学生严密防守，全天候监视敌人的动向，军校的安全得到了保障。蒋介石曾对人夸耀说，黄埔军校里他最得力的助手，一个是周恩来，一个是邓演达。

广州陆军军官学校（黄埔军校）旧址

当时黄埔军校内国共两党和社会各派势力都竞相争峙，形成了既联合又斗争的局面。邓演达作为军校的领导人之一，对黄埔军校中的共产党员采取真诚合作的态度，正确坚持了国共合作和有利革命发展大局的政策，支持周恩来在军校中开展一系列的政治思想工作。1925 年 2 月，屡受排挤的邓演达，离职出国考察。直到 1926 年 1 月，邓演达才重新回到黄埔军校工作，任教育长。

1931 年 11 月 29 日，因蒋介石惧怕邓演达在黄埔军校师生中的威望，在南京秘密杀害了邓演达。中华人民共和国成立后，追认邓演达为烈士。人民政府将当年出卖邓演达的陈敬斋绳之以法。周恩来称赞邓演达是“有骨气”的人。

第七节 孙中山在惠州的革命活动

在孙中山的革命生涯中，惠州是他一生中重要的革命根据地，因此，孙中山与惠州有着不解情缘，也曾在惠州多次留下了他光辉的革命足迹。

在辛亥革命阶段，孙中山为了推翻清政府的统治，组织了10次规格较大、影响较深远的武装起义，其中便有1900年和1907年孙中山赴惠州组织领导的三洲田起义和七女湖起义。

惠州市中山公园大门

1921年，孙中山在广州宣布就任中华民国非常大总统，准备北伐。此时，陈炯明勾结北洋军阀吴佩孚，企图阻挠北伐，并与孙中山领导的革命政府处处对抗。1922年6月16日，陈炯明更是直接炮轰总统府，与孙中山决裂，拉开了双方长达三年的混战。

为了平定叛将陈炯明的军阀势力，孙中山联合广东、广西、云南各省的军队，联手夹击，陈炯明不得已出逃广州，败走惠州，依仗惠州的险要，死守城门，负隅顽抗。

1923年，全国上下一致请求孙中山讨伐陈炯明，以安定后方，继续北伐。为了统一广东，肃清东江军阀反动势力，孙中山接受各方的请求后，即以大元帅的身份，下令大本营参谋长李烈钧计划征讨，叮嘱其一定要攻下惠州城，捣毁陈炯明的巢穴，肃清残党。

1923 年 5—11 月，为平定陈炯明叛军，孙中山多次亲临前线督战，惠州飞鹅岭、葫芦岭、梅湖等地都留下了他的足迹。为了缅怀孙中山在惠州的革命事迹，1928 年，国民政府把位于惠州西湖平湖东面的棕山更名为“中山公园”。

2002 年，惠州市政府对中山公园进行修整，将公园的面积从 1. 5 公顷扩大至 3 公顷，筑底台升高孙中山铜像，底台四面为三洲田起义、七女湖起义浮雕，在正门处增建“博爱”牌坊，上刻孙中山手书的“天下为公”四字。惠州市中山公园是广东省三大中山公园之一，有着“惠州第一公园”的美誉。

第八节 东江特委的建立

1927年春，北伐战争的胜利进军和工农运动的迅猛发展，引起了国内外反动势力的极大恐慌。他们一方面加紧武装干涉中国革命，另一方面积极策动蒋介石叛变革命。

一时间，广东乃至全国的政治局势急剧逆转，国民革命形势由高潮转入低潮。这个时候，惠州也笼罩在白色恐怖之中，国民党开始部署“清党”运动，大肆屠杀共产党人。

在这个历史转折关头，中共广东党组织毫不犹豫地作出决定：高举革命旗帜，用武装暴动来回应国民党反动派的大屠杀，用革命的武装来对抗国民党。1927年4月下旬，中共海（丰）陆丰地委、汕头地委、惠州地委负责人相互取得联系的同时，也与中共广东区委恢复了联系。按照中共广东区委先夺取东江和北江，进而恢复整个广东革命斗争的计划，为统一指挥东江地区的革命斗争，决定组织东江特别委员会（特别委员会简称“特委”），负责指挥全东江党务、政治、军事等各项工作。随即，以彭湃、郭瘦真、杨石魂、林甦、张善铭、何友逖等人为委员的中共东江特别委员会在海丰成立。东江特委主要管辖原海陆丰地委、汕头地委、惠州地委所属的海丰、陆丰、普宁、惠来、紫金、惠阳、五华等县党组织。由于彭湃等人分散在各地，东江特委实际上由张善铭主持工作。何友逖以特派员身份，负责领导和组织惠阳的讨蒋武装起义。

东江特委正式成立后，东江地区的党组织有了统一的指挥机构。东江人民在东江特委的领导下，高举土地革命的斗争旗帜，积极开展武装反抗国民党反动派，建立工农革命政权，创建革命根据地的斗争。

第九节 惠州讨蒋武装起义

惠州（时称“惠阳”）的讨蒋武装起义，是在广州四一五反革命政变的当天就开始举行的，按计划是与海丰、陆丰、紫金等县统一部署、同时进行。

1927 年 4 月 20 日，国民党广东特别委员会发出秘密电令，要海丰县农民自卫军（农民自卫军简称“农军”）在海陆丰组织“清党”。与此同时，国民党第十八师师长胡谦也致电海丰农民自卫军大队长吴振民，要吴振民将返回海丰的彭湃缉拿并押解至惠州。电文中同时透露了第十八师将于 4 月 23 日派兵前往海丰“清党”的消息。吴振民是未暴露身份的共产党员，也是黄埔军校第二期毕业生，第一次东征时以黄埔军校特别区党部特派员身份留驻海丰。东江特委指示吴振民以农军大队长名义分别给国民党广东特别委员会和胡谦复电，假称“拥护‘清党’”，以达缓兵之目的，迟滞国民党广东当局和胡谦向海丰派兵的计划，并决定 5 月 1 日在海丰、陆丰、惠阳、紫金 4 个县同时举行武装起义。

1927 年 4 月 26 日，紫金县农军提前起义，攻占紫金城，取得武装起义的胜利，并于 5 月 1 日成立紫金县人民政府。为了在惠阳发动讨蒋武装起义，根据中共广东区委的指示，何友逖首先与第十八师中的秘密中共党员、营长邹范取得联系，向邹范传达了率部策应起义的部署和任务。同时，平山区农村联防办事处也撤出平山镇，转移到青龙潭、百垢田待命。平山区农村联防办事处义勇军撤离平山之前，纵火焚烧平山区警察署，以打乱敌人的行动部署。根据中共广东区委的指示，蓝璇坤（蓝璇均）取道香港到海丰与中共东江特委取得了联系。按照中共广东区委的指示和东江特委关于在惠阳平山暴动的部署，蓝璇坤与东江特委委员何友逖、杨石魂一起回到惠阳，立即在镇隆四大半围召开惠州地委紧急会议，决定以潼湖区农村联防办事处主任黄卓如率领四大半围农军300多人，以及何友逖、罗焕荣率领的平山、白花、多祝的农军300多人，于4月30日发动平山暴动。总指挥部设在百坵田，计划以内应外合方式攻占平山。4月30日夜，黄卓如、何友逖、罗焕荣等率农军攻城。战斗打响后，作为内应驻平山的国民党第十八师范世安团邹范营，因起义计划泄露，被胡谦调刘秉粹一个团的兵力包围，邹范无法按计划内应。由于敌军已有防范，农军攻城受挫，邹范立即处决了向胡谦告密的国民党右派连长萧铮，并由第九排排长、共产党员何炳光代理连长。邹范率一个连突出重围，由何友逖指挥接应向农村转移。镇隆四大半围等各路农军也撤出平山返回原地，第一次平山暴动失败。此次暴动虽然失败，但阻滞了胡谦的军事“清党”行动，配合了海陆丰武装起义。

第三章

土地革命战争时期

第一节 惠州的土地革命

1927年秋，根据中共广东省委的指示，东江特委派林道文同省委巡视员黄居仁到惠州整理党务，中共惠（阳）紫（金）河（源）博（罗）地委撤销，成立中共惠阳县委员会，隶属广东省委和东江特委双重领导。

中共惠阳县委成立后，先后在蓝璇均、黄居仁、戴云芳等人的带领下，开展了轰轰烈烈的土地革命运动。对于土地革命怎么搞，当时他们主要以东江特委书记澎湃在广东省委刊物《红旗》上发表的《土地革命》一文为指导。澎湃的《土地革命》一文指出，无产阶级要达到推翻帝国主义、军阀和大资产阶级统治的目的，就只有实行土地革命。土地革命要解决五个方面的问题：一是必须把土豪劣绅、大地主、贪官污吏、军阀寸草不留地杀个干净；二是只有让工农阶级武装起来，扩大有训练的军队，才能保障土地革命的胜利；三是必须做到将一切土地分配给农民和革命士兵的家庭去耕种；四是必须毁灭一切土地的契约和债券，让农民从经济上解脱被压迫被剥削的枷锁；五是必须做到一切政权统归农工兵代表会（苏维埃）。尽管这些主张有不完善的地方，但它的基本原则却反映了广大农民的革命要求和根本利益。

在这种思想的指导下，中共惠阳县委积极开展武装斗争，创立革命根据地，大力支持东江特委的一切革命运动。在巩固工农革命武装方面，中共惠阳县委在辖区内招募志愿兵组成赤卫军，用以维护地方秩序，同时挑选精干的青年，输送到苏维埃政府，编成工农革命军，以镇压一切反动势力。在发展经济方面，积极收缴土豪劣绅及反动派的资产，对一些大的经营商贩则征收烟、酒、盐税和军粮。同时，开设平卖市场，疏通商品交易渠道，废除高利贷，稳定金融秩序。在争取民心方面，将旧的土地法令和契约予以废除，仅惠阳县（含现在的惠城区）的几个乡镇烧毁的田地契就有2000余份，把地主的土地全部分给了农民，由县苏维埃政权重新发放土地使用证。这些举措，让广大农民深信只有彻底的阶级斗争，才能从根本上解决土地问题。参与分田分地的农民欢欣鼓舞，闻之者狂喜，拥护苏维埃政权的热情高涨。

1928年夏，由于党内“左”倾错误思想的指导和国民党军阀的武力“围剿”、经济封锁，中共惠阳县委面临严峻考验，虽组织东江地方武装举行了多次暴动，有力地反击了国民党多次的“围剿”，但因力量过于悬殊，各地工农武装不得不转入分散式的游击战，整个惠州的土地革命由高潮转入低潮。1932年，为彻底消灭中国共产党领导的地方武装力量，驻广东的国民党军队以5个师的兵力，对东江革命根据地进行全面“清剿”。惠阳地区革命根据地军民团结一心，在中共惠阳县委、东江特委的领导下，进行了艰苦卓绝的武装反“清剿”。但由于力量薄弱，到1935年，所有在土地革命中建立起来的根据地基本解体，东江特委也在同年6月正式解散。然而，革命的火种一旦燃烧起来，就不会被反动势力所浇灭和摧毁。

第二节 东江红色区域的扩大

1928年7月初，中共广东省委指示东江特委和海（丰）陆（丰）惠（阳）紫（金）暴动委员会组织夏收暴动。但在敌人的“围剿”下，红军和农民武装都陷入弹尽粮绝的困境，只能在苏维埃政权的有限区域内分散到群众中去坚持斗争。

在东江地区的革命斗争陷入低潮的情况下，彭湃在潮阳、惠来、普宁交界的大南山领导起新的东江特委，坚持当地的土地革命，开辟新的革命根据地。1929年2月，东江特委转移到地处丰顺、五华、揭阳三县的八乡山革命根据地。从此在东江地区的西南和西北两部分相互呼应，拓宽了苏维埃政权影响的范围，促进了东江地区土地革命的复兴。在东江特委的领导下，该地区的党组织迅猛发展，截至8月，建立了14个县委、50个区委、490个党支部，党员达到5000多人，团员有2500多人，农民协会（简称“农会”）会员有5万多人。

在东江苏维埃区域向潮梅地区扩大的同时，原来的海陆丰革命根据地区域内的党组织也开始逐步恢复。在经历了敌人残酷“围剿”的海丰、陆丰、惠阳、紫金四县的苏维埃区域，党组织于1928年10月组成海陆惠紫特别委员会，直属广东省委领导，并与东江特委保持联系。12月，广东省委决定海陆惠紫特委改为海陆紫特委，中共惠阳县委直属广东省委领导。1929年3月，海陆紫特委机关从惠阳山区转移到海丰。5月，广东省委指示海陆紫特委再扩大为海陆惠紫特委。党组织抓住军阀混战的有利时机，发展革命武装，开辟海陆惠紫根据地，重新建立苏维埃政权。

1929 年 10 月，海陆惠紫特委组建了中国工农红军第六军第十七师第四十九团，彭桂任团长，黄强为政治委员，编为 3 个营，有 400 多人。红军四十九团作为海陆惠紫特委领导下的主力武装，在开辟海陆惠紫根据地的斗争中发展壮大。截至 12 月底，在红军和各地农民武装的共同努力下，海丰和陆丰的苏维埃政权得到恢复，惠阳、紫金两县革命委员会相继建立。随着红军攻占高潭区，海陆惠紫苏维埃区域连在一起，基本形成根据地。此时，海陆惠紫特委领导下的党组织有 12 个区委、340 多个党支部，党员 3300 多人。

第三节 东江革命根据地形成

1930年4月，在东江苏维埃区域向潮梅地区扩大的过程中，随着各地党组织的恢复和发展，武装斗争的广泛展开，东江苏维埃区域形成一定规模。在东江特委和海陆惠紫特委的领导下，各级革命政权相互支持，各阶层人民组织起工会、农会等团体，形成主力红军、地方武装和基层农民武装三位一体的武装力量，苏区内土地革命运动蓬勃发展。东江苏维埃区域建立统一政权的基本条件已经具备，建立东江苏维埃政府提上了议事日程。

1930年5月1日，东江地区第一次工农兵代表大会在八乡山革命根据地东江特委驻地召开。东江地区第一次工农兵代表大会的召开，宣告东江苏维埃政府和中国工农红军第十一军的成立，标志着东江革命根据地的形成。6月，广东省委指示在海陆惠紫革命委员会的基础上，组建东江苏维埃惠州十属特别委员会。全东江地区都列入东江苏维埃政府的管辖范围，有利于巩固和拓展东江革命根据地。

东江苏维埃政府和中国工农红军第十一军的成立，是东江革命根据地形成的标志。东江革命根据地是在海陆丰革命根据地之后，由东江特委和红军主力向潮梅地区发展而逐步形成的。东江地区是全国较早开展土地革命的地区，东江革命根据地也是土地革命时期全国重要的革命根据地之一。

4

第四章

全面抗日战争时期

第一节 日军四次侵占惠州城

第一次失陷。1938 年 10 月，日军集结海陆军向南海进犯，于 10 月 12 日凌晨在大亚湾登陆。15 日，日军占领惠州。当时驻防惠州的国民党军师长莫希德闻日军登陆，仓皇逃往省城，惠阳县县长蓝逊及一般官员亦不知去向，惠州失陷。

日军刚到惠州，强盗恶魔的脸孔便昭然若揭。烧杀抢掠七八天后，日军开始变得假惺惺，“寇酋始以维持地方治安为号召，设维持地方治安委员会，以日人主之，而杂以汉奸数人”。且日军见城内已无可掳掠，便渐渐赴各乡村放肆抢夺。日军占领惠州期间，到处杀人放火、奸淫掳掠，他们在府城搜捕了 200 余人，将人押到拱北桥（俗称“五眼桥”）东江河边用刺刀捅死并推进东江河；在县城搜捕了 300 余人，用铁线绑双手，押到县城烽火台上，残忍地用刺刀戳杀，将尸体从城楼推落到城楼下的九龙岗边，尸体层叠，堆积如山。市民称烽火台为“断头台”。日军到处奸淫，无数妇女深受其害。1939 年 1 月初，日军自动弃惠。其间，日军纵火焚烧水东街及塘下街等繁华商业街商铺 200 余间，撤出惠州时，还炸毁府县两城交通要道——东新桥、圆通桥、近秀桥和横槎桥四座交通设施。这是惠州有史以来前所未有的浩劫。

第二次失陷。1941 年 5 月，日军第二次入侵惠州前，国民党第十二集团军独立第九旅（简称“独九旅”）旅长容干率部队进驻惠州，指挥部设驻飞鹅岭，所属第六二七团防守飞鹅岭一带高地，为城区主要防御部队。独九旅进驻惠州后，沿东江河岸构筑了战壕、堡垒，城区内主要街道修筑路障工事，郊外山岭有堡垒，布防了兵力。

1941年5月9日起一连三天，日军飞机30余架次侵犯惠州城，轮番投弹轰炸、扫射，守军独九旅布防地多遭炸毁。5月12日，日军分水陆两路进犯惠州，独九旅弃城撤向梁化、大岚一带。日军再次占领惠州城，12日下午4时，惠州第二次沦陷。

日军入侵惠州前夕，整个鹅城笼罩着战争的气氛，城中市民不愿在日本的太阳旗下当亡国奴、做顺民，多数市民在黑夜中向郊外乡村逃去，日军入城一无所获，遂到郊外乡村实行地毯式搜劫，屠杀居民及城中避难者400多人。日军在撤退前的8天中，疯狂地在惠州水东街、塘下街、打石街（中山西）、万石坊（中山南）及府城、县城的商店民房等地，以鸣炮为信号，焚毁商店和民宅900多间。此外，西湖风景区周围的名胜古迹，如栖禅寺、永福寺、元妙观等亦遭焚毁，整个鹅城变成废墟，满目疮痍。5月20日，日军撤出惠州城时，又将用木头搭架的东新桥焚毁。

第三次沦陷。1942年1月25日晨，日军酒井隆部中川联队步骑炮兵2000余人，由东莞越过广九铁路的樟木头，沿惠樟公路向惠州进犯，遭到守城军队进攻，日军不支，沿原路溃退。

1942年2月3日，日军不甘失败，酒井隆部中川联队分三路向惠州进犯。2月4日晨，独九旅匆忙调集部分兵力固守望乡台，双方相逢，即刻展开了一场正面阵地战。该旅的第六二六、六二七团将士在团长张光前、陈树英统领下，在高榜山与敌血战。入夜，敌增援部队由左右翼包抄过来，守军不敌，向水口、马安、横沥方向转移。在这两次战斗中，击毙日军联队长中川，毙伤敌人230人，击毙战马5匹，击沉敌船2艘；守军伤亡共90人。2

月5日晨，日军占领惠州城，惠州第三次沦陷。

日军占领惠州城后，施行惨绝人寰的大屠杀，连续3天血洗惠州城，用机枪扫射、大刀斩首、刺杀、淹死、烧死、活埋等手段，在县城的晒布场、水门仔、沐范湖、铁炉湖和东门街等地，杀害民众1600余人。其中有600多名无辜平民被残酷地用铁线穿掌心后，被押到光布头、流水庙两处草地，进行集体大屠杀。更令人发指的是，日军以杀人取乐，用刺刀挑死婴儿后向空中一抛，肚肠溢出体外。在牛旋岭竟分食被砍死市民的肝脏，残忍烤食人肉。日军血腥屠杀，手段尤为凶残，在府城西湖边及叶屋巷等处屠杀200余人，拱北桥河边60多人惨遭活埋。日军在水门沙下河边的一次集体大屠杀中，被机枪扫射、刺刀刺杀、战马践踏而死的民众就有1300多人，这些尸体全被抛入江中，鲜血染红了西枝江河，史称“沙下红河”大惨案。日军侵占惠州3天，惨遭屠杀的民众就有3500人之多，日军在撤退前再次将竹木搭架的东新桥焚毁。

第四次沦陷。1945年1月14日，日军再次侵惠，国民党军驻惠州守军徐东来保八团及一些杂牌军，不做抵抗，率守军弃城而逃，日军不发一枪一炮，长驱直入，侵占惠州城。

日军侵占惠州后，实施其“以华治华”的政策，打着“中日亲善”的招牌，纠集伪军、汉奸、特务、土匪、流氓，以汉奸为首组成惠州维持会，维持会残害同胞，出卖乡亲，无恶不作。据统计，惠州被杀害的进步人士和群众达500多人。除此之外，日军还在惠州城开设赌场、烟馆（鸦片烟）、妓院和彩票公司，打着“大东亚共荣圈”的幌子，妄图以军事、经济、政治、文化等手段达到永久占领和统治的目的。日军和汉奸盘踞惠州达8个月之久，把东江政治、经济、文化中心的惠州变成了恐怖、悲惨的人间地狱，百业凋敝，人民颠沛流离。

中国人民经过浴血抗战，终于在 1945 年 8 月取得抗战的胜利。1945 年 8 月 15 日，日本宣布无条件投降。9 月 13 日，入侵惠州的日军投降仪式在惠州中山纪念堂举行，侵略者终于受到正义的惩罚。

第二节 抗日救亡活动

哪里有压迫，哪里就有反抗。惠州人民在中国共产党的领导下，掀起了一次次抗日救亡的浪潮。

1937 年 8 月，省立惠州中学留省校友黄焕秋、叶汉生、李康寿等返回惠州，协助发动惠州学生开展抗日救亡宣传活动。省立惠州中学高二甲班学生率先行动，成立“复社”和读书会，组织宣传队上街举行抗日示威大游行，高唱《松花江上》《长城谣》《保卫中华》《义勇军进行曲》等抗日救亡歌曲。接着惠阳县立中学、徐山中学、惠阳女子师范等在校学生纷纷响应，一时间惠州府、县两城的街头巷尾、车站码头随处可见学生宣传队的身影，他们以高唱抗日救亡歌曲、派送传单、演讲动员、演街头剧等各种形式宣传抗日，整座惠州古城充满着抗日救亡运动的激情，大街小巷回荡着振奋人心的抗日呼声。

惠州的中小学校学生，在旅省的大、中学生回乡宣传队的发动协助下，先后停课，组织抗日宣传队，进行抗日示威大游行，在城里和郊区展开轰轰烈烈的救亡宣传活动。学生们擎起队旗，手拿三角彩纸旗，有的还打着洋鼓，在城内的汽车站、码头及中山路、大街广场和郊区下角、龙丰、河南岸、东平等地，通过演讲、演街头剧、高呼口号、唱抗战歌曲、贴标语和墙报等形式，痛斥日军侵略罪行，向群众宣传抗日救亡。

东江各县人民在中国共产党的带领下，充分发动群众，先后建立了多种由青年学生和文化界人士为主要力量的抗日救亡团体。这些抗日救亡团体成立后，纷纷组织宣传队、演讲队、歌咏队、演剧队等，深入城镇乡村，通过演出抗日戏剧、教唱抗日歌曲、组织演讲、出版刊物、撰写文章、出墙报、写标语、画漫画等多种形式，积极开展抗日救亡宣传，东江各县抗日救亡运动迅速扩大到社会各个阶层和各界民众，包括广大海外爱国侨胞和港澳台同胞，他们纷纷从物力、人力上支持祖国抗战，组织抗日武装，共同推动抗日救亡运动蓬勃发展。

1938 年 10 月，广东青年抗日先锋队来到惠阳、博罗两地，除深入广大农村巡回演出外，他们还利用墙报、漫画、传单、标语口号、演讲、报告会等形式，开展抗日救亡宣传。同时还帮助各乡抗日先锋队分队办起民众夜校、儿童识字班等，在青年和儿童来夜校读书识字时对他们进行抗日救亡宣传教育。经过教育，大部分青年加深了对抗日救亡的认识，积极投身抗日救亡活动。

第三节 惠州革命团体的抗日活动

青年团体。1937 年 4 月，惠阳旅港青年在香港成立香港惠阳青年会，开始时会员 400 余人，到 1939 年时增加到了 5000 余人。抗日战争全面爆发后，中共香港市委和海员工委决定，以香港惠阳青年会名义，组织成立香港惠阳青年会回乡救亡工作团，到 1939 年时团员已发展到 300 人左右。1939 年 1 月，抗日先锋队惠州办事处成立，宣传中共的抗日主张，积极动员群众参加抗日战争。这些青年团体组织的建立，为中共在根据地积极发展党员，扩大队伍建设和组建全体民众抗日武装，开展敌后抗日游击战争打下了良好的基础。

东江华侨回乡服务团。抗日战争全面爆发后，各地华侨积极参加抗日救亡活动。1938 年 10 月，惠州华侨在马来亚吉隆坡成立南洋英荷两属惠州同侨救乡委员会，该组织以“救国救乡”为宗旨展开活动，并于同年 12 月与香港惠阳青年会、余闲乐社联合成立东江华侨回乡服务团。这是一支非常有影响力的抗日救亡团体，在抗日战争中积极与惠州地区的抗日武装力量相互配合，发挥了巨大的作用。此外，抗战期间还有其他许多爱国华侨青年回乡，组成各种华侨团体，紧密地配合着中共的抗日工作。

妇女团体。在革命精神的号召下，惠州地区的很多妇女也参加到抗日战争中来，她们积极组建各种妇女团体，进行抗日救亡的宣传和革命工作。其中比较著名的有妇女抗敌同志会、妇女会、姐妹会等，也有从香港、澳门、东南亚等地返回东江地区的华侨妇女同胞组织港九妇女教育服务团、基督青年会、香港妇女赈灾会等。这些妇女团体的建立最大限度地团结了各阶层可以团结的妇女同胞，在抗日救亡运动中发挥着积极的作用。

除直接组成抗日团体加入到抗日战争中外，东江地区的妇女群众还组成了自卫队、救护队、慰劳服务队等支援前线。如妇女抗敌同志会发动妇女们种好田地，多打粮食支援前线，使部队的粮食供应得到保证，促使东江地区出现了“男儿上战场，妇女多打粮”的新气象。

第四节 东江纵队

抗日战争全面爆发，惠州沦陷。1938 年 10 月 24 日，中共香港海员工委书记曾生赴惠阳坪山组建惠（阳）宝（安）人民抗日游击总队，开始进行对敌的游击战。1940 年 9 月，以此队伍为基础，成立广东人民抗日游击队。1943 年 12 月 2 日，在惠阳县土洋村（今属深圳市）进行整编，成立广东人民抗日游击队东江纵队（简称“东江纵队”或“东纵”）。

1939 年 9 月，日军再次在大亚湾登陆，游击队主动袭击日军，先后收复大鹏半岛的沙鱼涌及宝安县城南头，并在横岗伏击战中对日军进行沉重打击。1940 年初，游击队发展到 800 多人，

飞鹅岭公园内雕像

以惠宝边、东（莞）宝（安）边为中心的抗日根据地初具规模，部队的活动范围也逐步扩大，为进一步开展东江敌后游击战争打下了基础。

1942 年 1 月，中共中央南方工作委员会副书记张文彬到阳台山抗日根据地的白石龙村召开游击队干部会议，在坪山成立了以林平为书记的中共广东军政委员会，统一领导东江和珠江地区的抗日斗争，并将广东人民抗日游击队改编为广东人民抗日游击总队。1943 年 12 月 2 日，游击总队在坪山土洋村被改编为广东人民抗日游击队东江纵队，曾生[①]任司令员，林平任政治委员，王作尧任副司令员兼参谋长，杨康华任政治部主任。

1945 年 8 月初，根据中共中央关于向粤北发展的指示，在广东人民抗日游击队珠江纵队一部配合下，东纵集中主力 1000 余人挺进粤赣湘边区，准备迎接八路军南下支队，开辟五岭抗日根据地。此时，部队发展到 9200 余人，辖 9 个支队，并先后成立了江南、江北、粤北和东进 4 个指挥部，活动地域由东江两岸扩展到广州市郊区、粤赣湘边区和海陆丰地区。1945 年 8 月 15 日，日本宣布投降。华南日伪军执行国民党当局意旨，拒绝向广东人民抗日游击队缴械，东江纵队遵照朱德总司令的命令，立即向日伪军展开进攻。至同年 9 月底，收复城镇 60 余处，歼灭日伪军 1000

---

① 曾生（1910—1995），广东惠阳县坪山乡石灰陂村（今属深圳龙岗区坪山镇）人。早年毕业于中山大学，曾参加爱国学生运动，被选为广州市抗日学生联合会主席。1936 年 10 月加入中国共产党。1940 年 8 月，任广东人民抗日游击队第三大队大队长。1943 年 12 月广东人民抗日游击队东江纵队成立，任司令员。解放战争时期，任中国人民解放军两广纵队司令员。中华人民共和国成立后，历任华南军区第一副参谋长、广东省副省长、交通部部长、国务院顾问、中共中央顾问委员会委员等职。1955 年被授予少将军衔。1995 年 11 月 20 日在广州逝世。

余人。

据不完全统计，东江纵队共作战 1400 余次，歼敌 9000 余人。东纵远离党中央，远离八路军、新四军主力，在华南敌后艰苦复杂的环境中，坚持独立自主的游击战争，从无到有，从小到大，从弱到强，逐步发展成为一支抗日劲旅；东纵组成人员中，知识分子多，港澳同胞多，归国华侨多，女战士多，政治素质、文化素质较高，并有广泛深厚的群众基础；东纵把抗日游击战争从农村推进到敌占区的香港及沿海城市，成功地创造了大城市和沿海抗日游击战争的典型范例；东纵对中国人民抗日战争和反法西斯战争胜利做出了历史贡献。

第五节　秘密大营救中转站

1941 年 12 月 25 日，日本侵略军攻陷香港，随即封锁香港至九龙的海上交通线，实行宵禁，并大肆搜捕文化界人士、爱国民主人士和抗日群众。在这危急关头，中共中央和南方局书记周恩来先后致电中共驻香港办事处负责人廖承志，要想方设法将隐居在香港的爱国民主人士和文化界人士迅速营救出来，并将他们安全护送到国内抗日战争大后方和革命根据地。廖承志等人迅速组织港九地区和交通站的党组织及东江地区的游击队全力以赴，不惜一切代价营救。

2018 年新修缮的东湖旅店

面对日本侵略军对香港海陆交通严密封锁和严重缺乏交通工具的严峻形势，营救人员制定了多套营救方案，其中之一就是从香港秘密转移到九龙，再将他们护送到东江游击区。中共惠阳县委按照上级指示，进入东江游击区的脱险人士，不宜在惠州久留，而是要安全护送到韶关，最后再转到桂林、重庆等地。游击队自接到这次秘密大营救任务后，从 1942 年 1 月 5 日开始，迅速组织被营救人员分批从香港秘密过海，由游击队员将他们护送到港九抗日游击队交通站，然后又分东西两条路线再将他们送往东江抗日根据地。

这期间，惠州成了主要接送点之一。惠州交通站选址和准备工作，落在了当时年仅22岁的惠阳县委组织部部长兼武装部部长卢伟如身上。卢伟如跑遍惠州城后，把落脚地点锁定在位于桥东上塘街的东湖旅店。其时，国民党在惠州最高军事长官和行政长官、国民党第六十五军第一八七师师长张光琼包下了东湖旅店三楼。卢伟如认为，最危险的地方就是最安全的地方，他以香港昌业公司总经理身份包下东湖旅店二楼，安置了秘密交通站。随后，香港商人廖安祥受廖承志指派在惠州开了一家“源吉行”商行，和卢伟如一起任商行老板。两人经常宴请张光琼等国民党军政要员，酒酣耳热之际向张光琼等提出香港来的客户、亲友因战火要经过惠州到后方去避难，请多行方便，张光琼等答应了。

1942年5月7日，茅盾夫妇、张友渔等20多名第一批转移的文化界人士临近惠州时，日军突然对惠州发起轰炸。“源吉行”被炸，卢伟如和廖安祥当即向张光琼求救，张光琼派兵把火扑灭了。此后，整个惠州城的人都知道“源吉行”老板廖安祥和卢伟如与张光琼关系非同一般。至此，东湖旅店成了大营救最安全、最可靠的交通站。

新修缮后东湖旅店内景

由于日军轰炸惠州城，第一批转移的文化界人士被暂时安置在惠阳淡水附近的茶园交通站，他们在茶园交通站住了一个星期，于1942年2月14日（农历大年三十）被护送到惠州，住进东湖旅店，后考虑到茅盾、张友渔等人的知名度太高，又连夜转移到附近的“东和行”商行。2 月 16 日（农历正月初二），困守在屋里的茅盾和几个文化界人士偷偷走出大门溜达，被国民党士兵发现，遭到严加盘查。卢伟如及时赶到，并请当地一个国民党营长的弟弟出面才化险为夷。卢伟如马上让潜伏在国民政府机关的地下党员黄鑫找来国民党官员走私船，于次日领着茅盾等人离开了惠州。

从 1941 年底至 1942 年初，惠州作为香港秘密大营救的中转站，在游击队以及广大群众帮助下，经过几个月的秘密大营救，从日军严密封锁的港九地区成功营救出了 800 多名爱国民主人士和文化界人士。其中有柳亚子、张澜、何香凝、邹韬奋、茅盾等。同时，被营救脱险的还有国民党少将陈策、第七战区司令长官余汉谋夫人上官德贤等 10 多人，以及美、英、荷、比等国际友人 100 多人。

第六节 元朗山阻击战

横沥镇地处偏僻，山多林密，草木丛生。镇圩内道路窄小弯曲，具有得天独厚、易守难攻的地理优势。抗日战争期间，我地方游击队曾在此驻扎。同时，横沥镇农产品资源丰富，是当地及周边地区存储粮食的重要场所之一。

1941 年 5 月，日军 1500 多人在大亚湾澳头登陆。5 月 12 日，日军一分队进攻横沥。驻守横沥的国民党部队，在元朗山与日军交火，打响了保卫战。战斗从下午 4 时持续到晚上 7 时，国民党军因缺乏后援而无法坚持，最后撤回梅菜岭继续战斗到晚上 9 时，随后撤出阵地。

在此紧张的局势下，时任横沥圩澄坑（今横星村）游击队通信站负责人的刘绍光，为了保护横沥圩、排沙、澄坑一带群众，急忙召集以钟发明为首的 10 多名游击队员进行阻击。以争取时间，将群众转移到森柏洞山上。

刘绍光、钟发明和 10 余名游击队员边打边撤，撤到横沥梅菜岭和浸杆塘时，发现这里地势较高，于是便隐蔽下来，再次与日军展开激烈战斗。战斗从晚上 7 时一直持续到次日凌晨 2 时。由于敌众我寡，且日军持有机枪，装备精良，刘绍光、钟发明等队员在既无后援又无弹药的情况下，被迫撤出战斗。游击队员一部分人撤到罗浮山区，一部分人潜伏下来，继续组织群众、商户与日军进行斗争。

日军攻陷横沥后，计划在横沥圩推选商会会长，想采取“以华治华”的政策。日军想推举在横沥做粮油生意的陈维希为会长。但陈维希坚持不与日军合作，誓死不做汉奸走狗，他连夜乘船逃到仍图暂避。由于游击队员深入做群众工作，日军攻陷横沥六七天时间后，商会会长仍无法推选出来。日军恼怒之下，于5月18日起开始焚烧陈维希的粮油加工厂和横沥圩的商铺、民居，至20日才结束。此次焚烧给横沥人民带来巨大损失。

5

第五章

解放战争时期

第一节 东江纵队北撤

1945 年8 月15 日，日本宣布投降。抗日战争胜利后，国内政治形势发生了巨大变化。中国人民热切希望实现和平、民主，建立一个民主独立的新中国。

1945 年 10 月10 日，国共双方代表在重庆经过谈判，签订了《政府与中共代表会谈纪要》，即双十协定。中共为了表示诚意，在不损害人民基本利益的前提下，决定在解放区政权和人民军队的问题上让步，同意把广东、浙江等 8 个解放区的部队撤退到苏北、皖北及陇海路以北地区。于是，在抗日烽火中诞生的东江纵队，成为双十协定中北撤部队的重要一支。

东江纵队执行北撤之前曾面临波折。与中共的诚恳形成鲜明对比的是，国民党当局"假和谈真内战"的阴谋让人民群众心寒不已。在广东，国民党当局公然制造舆论，矢口否认广东有中共领导的抗日武装存在，宣称广东只有零星的"土匪"，妄图打着"剿匪"旗号，消灭在抗战中成长起来的人民军队。

根据中共中央指示，东江纵队政委林平于 1946 年3 月9 日抵达重庆，两天后举行中外记者招待会，介绍华南人民武装发展情况及抗战多年的功绩，揭露国民党在广东发动内战、否认广东中共武装部队存在、阻挠东江纵队北撤的阴谋。3 月18 日，周恩来在重庆举行中外记者招待会，号召全国人民、盟帮朋友、各党派朋友一致来维护并监督双十协定的实现。经过谈判斗争，在无法抵赖的证据面前，国民党当局只好承认广东中共武装力量的存在，并签订北撤协定，承认华南有中共领导的抗日武装力量；同意北撤 2400 人，不撤退的复员，发放复员证，政府保证复员人员的生命安全，财产不受侵犯，就业居住自由；北撤人员撤退到陇海路以北，撤退船只由美国负责。

北撤协定签订后，4 月4 日，东江纵队司令员曾生、政委林平以中共华南武装人员代表的身份到广州参加谈判北撤的具体协议，国民党当局又提出许多苛刻条件。经过一个多月的尖锐斗争，5 月21 日，达成广东中共武装人员北撤山东烟台的具体协议。根据协议，广东境内之东江以南、以北及粤北三地区的东纵各部 2400 人，于一个月内在大鹏半岛集中，由美国轮船送往山东烟台登岸。经过五昼夜的海上航行，北撤人员克服炎热、晕船、疾病等困难，于7 月5 日抵达烟台，受到胶东解放区党政军领导和群众上万人的热烈欢迎。

东纵北撤，带走了惠州地区一大批优秀的东江儿女，为 1949 年 9 月南下的中国人民解放军两广纵队提供了坚实的力量。

第二节 惠州面临的严峻形势

东江纵队北撤后，国民党撕毁国共停战协议。为彻底“清剿”东江纵队留下的复退人员和中共党组织，国民党反动派悍然向东江地区发动全面进攻，内战再次爆发。

面对严峻形势，中共广东区委（时称）以东江纵队的名义发表通电，对国民党广东当局迫害东江纵队复员人员的罪行表示极大的愤慨，号召复员战士和人民群众行动起来，采取同一步骤，积极自卫，“人不犯我，我不犯人，人若犯我，迫我至于绝境，绝不能束手待毙”。这份通电，揭露了国民党广东当局的罪恶阴谋，鼓舞了东江纵队复员战士和人民群众的斗志，给隐蔽在各地的共产党员指明了斗争方向。

当时的东江特委、惠阳县委决定全面恢复武装斗争，东纵北撤后留守东江的蓝造也及时发出号召，呼吁各地党组织和留下来坚持斗争的武装人员，重新拿起武器，建立武装队伍，打击地方反动势力，保护人民群众利益。1946 年 12 月，路东三区、路西东莞、惠阳及宝安等地的中共党组织，动员东江纵队复员人员归队，组建武工队，开展武装斗争。

1948 年春，根据中共中央香港分局会议精神，在惠州地区成立了中共江南地委（东江南岸），统一领导江南地区的工作。江南地委由王鲁明、蓝造、祁烽等人组成，王鲁明任书记，蓝造任副书记。会议决定对归队的武装人员进行整编，分别在惠（阳）

东（莞）宝（安）地区、惠（阳）紫（金）地区和海陆丰地区建立惠东宝人民护乡团、惠紫人民自卫大队和海陆丰人民自卫总队。王鲁明、蓝造等遵照香港分局指示，将上述部队统一编成广东人民解放军江南支队，蓝造任支队司令员，王鲁明任政治委员，对国民党反动派进行有力打击。

第三节 灵活的作战方式

1947年3月，惠东宝人民护乡团、惠紫人民自卫大队成立后，先后在马安、水口、小金口、陈江、横沥等地同国民党反动派军队发生过几次战斗。面对敌强我弱的形势，两支部队实施“避实就虚，避重就轻，避大就小”的作战方针，开辟梅花点式的游击战，有力粉碎国民党军队的大规模“清剿”行动。

横沥片区靠山区临东江，是游击队活动的范围，东纵北撤后，这里成了国民党反动派军队重点打击的主要目标之一。1947年7月，国民党从惠州派出1个营的兵力，并纠集地方反动武装，沿着东江从水口一路向横沥进行“围剿”。当时的惠紫人民自卫大队在民兵的配合下，分段阻击国民党军的进攻。为了让横沥片区的伤病员以及老百姓安全转移到山里，负责牵制敌人的游击队在上马寮与国民党军队展开了激战。游击队员边打边撤，有效拖延了敌人进军的速度。到了晚上，游击队还采用夜袭的方法，骚扰敌人，打击敌人，让敌人不得安稳。两天后，等敌军赶到横沥镇时，除了空空荡荡的房子，所有人员和粮食都已经转移到山里。国民党反动派军队气急败坏，但由于找不到人，只得灰溜溜地返回惠州城。

经过一年的艰苦斗争，惠东宝人民护乡团、惠紫人民自卫大队的游击战争得到普遍开展，建立了江南游击斗争根据地，发展壮大了武装力量，打击了国民党地方反动统治，为以后武装斗争的更大发展创造了有利条件。在游击斗争过程中，游击队及时镇压一些恶霸，责令反动地主把倒算的租息退还给农民。游击队的这些斗争，深得当地群众拥护。

第四节 大岚税站遇袭

日本投降后，气数已尽的国民党抓紧对共产党人的“围剿”。当时，在横沥区的大岚片驻扎着由曾湖领导的镇江队。镇江队是东江纵队北撤后留下来的武装力量，曾湖任大队长，主要任务是打击地主团练，在大岚设立税站，为共产党领导的军队筹集军饷和物资。

镇江队共有队员150多人，在大岚税站收税的有10多人。平时，队员们大都住在圩镇旁边协天宫内（主要奉供关羽，也叫关帝庙）。每逢圩日，周边群众、商户都到这里做买卖、搞交易。队员们则维持秩序，收些税费。

1947年秋季的一天，紫金上义镇（距大岚税站10多公里）国民党驻军得到情报，说曾湖率大队人马去了淡水，大岚税站只有七八个游击队员在值班，是袭击税站的好机会。于是，国民党部队挑选出20多人，组成突袭队，换成老百姓的衣服，把冲锋枪藏在箩筐中，装作赶圩的样子，往大岚突袭过来。

国民党突袭队到大岚时，正值赶圩高潮，街人上来人往，交易十分繁忙。他们一路大摇大摆走来，村民们和税站的游击队员也麻痹了，认为是乡亲们，没多加盘查。到了圩镇，他们从箩筐中掏出冲锋枪，突然间就朝游击队员扫射起来，当场打死了2名游击队员。其他人看到有敌人到来，吓得四处逃跑。国民党突袭队挥枪乱扫，共打死7名游击队员和四五名群众。有一名游击队员被打死在大岚河内，把河水都染红了。

曾湖得到消息后，立即率大队往回赶。等回到大岚，国民党突袭队已撤回上义。曾湖为了给队员报仇，决定攻打上义。因上义驻扎的是国民党正规军，要歼灭他们，必须要同高固领导的粤赣湘边纵队第一支队联系。但等高固、曾湖两支队伍集结好后，驻上义的国民党军早已悄悄溜走。

第五节 蟾蜍舌战斗

蟾蜍舌是一道山岭，位于横沥镇泰安村与土桥村交界的地方。整个蟾蜍舌都是土桥村的领地。

土桥村大都姓卢，早年是从山东迁徙过来的客家人。村里有一大户人家，叫卢友三。卢友三有个外号叫“角九”，就是老大的意思，谁都没有他厉害。他家土地多，是大地主。卢友三在当时的横沥区警察局任巡官（相当于派出所所长。横星村的刘绍光也担任过巡官，但只是一般警员，官职没有卢友三大），在家里养有团练保家护院，手下有几十支枪。

离土桥村不远有个叫大利的村子。这里也有一个大地主，叫刘文琴。大利村成立有保安团，刘文琴自任团长，手下也有五六十名士兵。刘文琴家族人多势众，有一位女子嫁到土桥村。故此，刘、卢两家有些亲戚关系。再加上这两大家族相距很近，从卢友三家到刘文琴家，不过200米的距离。两家又同为大地主，都是要被斗争打倒的对象，于是，两个家族加上保安团和护院家丁，就紧密结合起来，共同对抗游击队。

1948年秋季，任粤赣湘边纵队第一支队的大队长高固带领200多人的队伍，决定攻打刘文琴与卢友三部。部队从紫金县上义镇开拔过来。首先在大岚村上排屋住了一个晚上。高固住在练石牛家（2020年采访时，练石牛已93岁），并邀请练石牛参加游击队。因此练石牛也跟着一起参加了这次的蟾蜍舌战斗。

第二天早上，部队穿过大岚圩镇，往土桥急行军。因为人多嘴杂，游击队要攻打卢友三和刘文琴部的消息很快传开了。刘、卢二人一听说高固要来，急忙将保安团和护院家丁拉到蟾蜍舌岭上进行拦截。上午 10 时，战斗打响。因为刘、卢二人早有准备，又居高临下，战斗打得非常激烈。游击队组织几次进攻，都没能拿下蟾蜍岭。最后有熟悉地形的村民，带着游击队员从旁边绕到岭后去，两边夹击，才彻底击败刘、卢部队。等拿下蟾蜍舌，已是下午 4 时多。游击队乘胜追击，直接打进卢友三和刘文琴的大院内。而卢友三和刘文琴早已将家中值钱的东西搬走了，只留下空空的宅院。

有队员建议把他们的房屋统统烧掉，高固不同意。他说，等解放后，这房子都是人民群众的。事实也确实如此，惠州全境解放后，卢友三、刘文琴的大宅院全部被分给了贫民群众。

第六节 人民群众的贡献

解放战争时期，为了巩固和保卫解放区，惠州的人民群众作出了重大的贡献。

送子女参军。当时的民众已切身感受到中国共产党领导的军队，才是真正保护群众、为人民谋幸福的部队，他们纷纷把自己的子女送到部队里，要求上前线、打敌人、保家园。有些人家父子同时参军，为了革命，不怕流血牺牲，不怕家中断了香火。据《惠州革命老区志》记载，仅在1945—1948年，惠州的横沥、马安、水口、汝湖、陈江等乡镇送子女参军人数就达到600多人。在解放战争期间，惠阳县牺牲的革命烈士有270多人。正是有了人民群众舍生忘死的支持，解放战争才取得胜利。

成立群众组织，保卫解放区。在江南地委的领导下，大多数的乡镇、村都成立了农民抗敌会（简称“农抗会”），农抗会下设有自卫队，各乡有常备大队，惠阳地区（含今东莞、深圳、紫金等地）当时有民兵队伍约3000人。农抗会成立后，积极为当时的广东人民解放军江南支队（包括惠东宝人民护乡团、惠紫人民自卫大队和海陆丰人民自卫总队等）提供大量的财力、物力，解决部队给养的困难。而且在各区、乡镇、乡村建立情报网，配合部队收集、传递各种情报，各区、乡镇民兵协同部队作战，取得了较好的战斗成果。农抗会的成立，基本把国民党军队隔离在惠州城内，城外的乡村大都在农抗会的掌握之中。

大力开展生产活动。由于连年的战争破坏，在惠州城外的解放区内，田地荒芜，圩镇萧条，物资奇缺，群众挖野菜、剥树皮充饥。面对当时的情况，江南地委提出，要大力发展生产，号召和鼓励农民加紧开荒种地，扩大耕地面积，提倡集体互助劳动。广大人民群众在江南地委的号召下，一边生产，一边打击敌人。敌人来“清剿”，就转移到山上；敌人走后，就下山劳动，确保有粮食收获。1947 年间，东江两岸的几大圩镇，如横沥、水口、汝湖等，还开办了商业合作社，鼓励商人做生意，促进物资交流。

第七节 惠州解放

1949年10月13日，粤赣湘边纵队东江第一支队司令员蓝造接到二团侦察队长詹梧的报告：据当地人的报告和侦察员实地侦察证明，惠州城内的国民党反动派确实已经撤走。蓝造当即下令，独立第三营必须在10月13、14日两天内解放淡水和惠州。接到命令后，新编独立第三营第一连、第三连和警卫排在营长李和的带领下，13日下午就解放了淡水。当晚，赶到淡水的蓝造又下达了第二天向惠州进军的命令。

10月14日大清早，蓝造率领司令部和新编独立第三营500多人从淡水出发，经牛朗径、永湖等地，下午就来到惠州城郊下埔横江沥。此时，詹梧带领的侦察队约20人，已在上午进入惠州，并与叶仁雄、张友仁、林振雄取得联系。叶仁雄等人早早就组织了100多名青年学生和店员，在横江沥西岸的惠樟公路车站（今惠城区下埔滨江公园）敲锣打鼓迎接部队进城。部队进城后，兵分两路，三连抢占飞鹅岭制高点，一连占领惠阳县府。占领县府之后，蓝造立即致电人民解放军两广纵队司令员曾生，向曾生汇报惠州已和平解放的消息。

对于饱受战争之苦的老百姓来说，解放军的到来是一件高兴的事情。但由于国民党反动派对共产党的一些负面宣传，或多或少也让部分群众对以前从未见过面的解放军有些戒备。听说解放军要来，一些店铺和群众住所纷纷关闭门户。为了不打扰老百姓，

1949 年，惠州解放，解放军进城

战士们并未敲门买米买茶，只是找了一家熟人的店，买了番薯丝和黄糖，熬糖水当晚餐。

第二天，全体战士就上街大扫除。当时的惠州城，街道就只有水东街和县前街（今惠城区商业步行街），由于战争原因，这些街道多年都未打扫，沉积在水沟里的淤泥很厚、很脏。战士们不怕脏、不怕累，纷纷动手清理街道，没有工具的战士还直接用手挖水沟里的臭淤泥。清理完后，再用水冲洗。看到战士们这样，老百姓也纷纷走出家门，拿起扫把、水桶参与大扫除。一些老百姓还打开了家门，请战士们进屋喝茶，拿出煮熟的鸡蛋、鸭蛋等当时比较稀缺贵重的东西款待战士们。受到款待的战士们给每家每户挑满了一水缸的水。当天下午，战士们则分组到惠州各处宣传解放军的三大纪律和八项注意。

街上热闹起来，从平湖门、中山西到水东街，行人熙熙攘攘。解放军两三人一组在街上教市民唱歌，很快，“解放区的天是明朗的天……”的歌声响彻惠州城。还有 3 个战士组成的洋鼓舞表演队，一个人胸前背起一个大洋鼓，前面一个人反手托着鼓，后面一个人双手搭着背鼓人的双肩，按着鼓点的“嘭、嘭、嘭嘭”

声，迈出左脚先走两步，当“嘭嘭”声一停，上左脚再横伸出右脚，展开左臂，如此重复按鼓点节奏向前行，这动作简单有趣，谁一看都能学会。战士们的热情感染了惠州群众，很快就吸引了很多人参与，越来越长的队伍中一个人搭着另一个人的肩膀，跟在后面，形成一条人龙在街上舞着。

6

第六章

建设发展时期

第一节 大搞农业建设

中华人民共和国成立之初，惠州（包括现在的惠城区、仲恺高新区）还是一个落后的农业县，东江、西枝江穿城而过，但防御洪水的能力却很弱。很多地方十种九不收，不是水灾就是旱灾，是有名的重灾区。当时，水稻是主要的农作物，可产量很低，据1950年统计数据显示，最高亩产只有73公斤。面对农业基础薄弱、农作物收成效益不高，农民还吃不饱、穿不暖的现象，历届党委和政府带领人民群众奋发图强，不断开创农村工作新局面。

发挥集体优势，从靠天吃饭向旱涝保收转变。中华人民共和国成立后，1950—1978年，通过土地改革，变农民个体所有制为集体所有制，实行人民公社化。人民公社是政社合一的基层行政单位，为一级管理机构；管理区由几个生产大队合并而成，为二级管理机构；生产大队为三级管理机构。公社化后所有的农民归公社领导，劳动力比较集中；所有的物资由公社统一分配，便于集体利用。面对水灾、旱灾，全地区集中所有的劳动力，充分发扬自力更生、艰苦奋斗，以及人民当家作主的精神，兴修水利，大搞农田基本建设。对40多条江河堤围进行整修，其中加宽加高东江堤围97.75公里、西枝江堤围61.48公里，对马安围、潼湖围、横沥围进行加固疏浚，在三栋镇鹿颈村淡水河修筑堤围6.13公里。为了蓄水灌溉，兴建中小型水库合计71宗，总库容合计16299万立方米。其中，中型水库有汝湖的角洞水库和庙滩水库、芦洲的伯公坳水库、横沥的招元水库、陈江的黄沙水库、潼湖的观洞水库，总库容合计 9662 万立方米。

当时兴修水利工程，没有机械，在一穷二白的基础上，全靠人工肩挑背扛修建出来。从 20 世纪 50 年代开始，陆续修建了一大批水利工程，使农业从靠天吃饭向旱涝保收转变。水利工程完善后，共形成三个水稻主产区。分别为西部产区，包括潼湖、陈江、沥林和潼侨，旱涝保收面积达 85 万亩（1 亩≈666.67 平方米，下同），单产水稻每亩达 270 公斤，是惠州解放前亩产的 4 倍；中部产区，包括马安、水口等镇，旱涝保收面积有 6 万亩，平均亩产 220 公斤；北部产区，包括横沥、矮陂、芦洲、芦岚、大岚和墩子林场等地，旱涝保收面积达 3.5 万亩，平均亩产 200 公斤。通过兴修水利，保障了农业生产的发展，改善了人民群众的生活、生产条件。

积极推行联产承包责任制，传统农业向商品农业转变。中共十一届三中全会作出了农村实行联产承包分田到户、责任到人的重大决定，其实质在于中央要把农村生产自主权归还给农民，把广大农民的积极性调动起来，这是解决农业生产从计划经济向市场经济转变的突破口，是农村改革的重要方面。贯彻落实中央这一重大决定，县委、县政府（今区委、区政府）十分重视，组织了大规模的宣传活动，发现典型做法，立即进行总结、宣传、推广，家庭联产承包责任制迅速在全区农村推广、落实，广大农民的积极性被最大限度地调动起来，以市场为导向，以提高经济效益为着眼点，纷纷进行产业和产品结构调整，农村出现了十分可喜的新局面。农民认真经营自己的责任田，加工、加肥，实行精耕细作，粮食生产取得较大幅度的增长，全区首次实现了粮食年亩产跨“纲要”（亩产 800 斤以上），农户家里开始有了余粮，温饱问题得到妥善解决。农村种植蔬菜、养猪、养鸡、养鱼、水果种植得到迅速发展，农村出现了不少以种菜、养猪、养鸡、养鱼为主的专业户。蔬菜及畜牧渔业的发展，打破了农村以种粮为主的单一生产局面，农副产品大幅增长，丰富了城市居民的菜篮子，农民的收入明显增加，农村开始出现万元户。改革开放前，农民参加大集体生产劳动，一个劳动日分红只有1角几分钱，一年到头干足365天，集体分红也不过三十几元。实行联产承包后，自主经营收入达到万元，当时应是个奇迹，人人羡慕并还能得到政府表扬奖励，是件光荣的事。农村开始出现剩余劳动力，经济头脑较灵活的一些农民“洗脚上田”，开始经商或到工厂打工，既增加了收入，又为农村第二、第三产业的发展提供了有利条件，农民脸上露出了喜气洋洋的笑容。

深化农村改革，推进农村经济升级发展。1988年“地改市”后，惠城区成为惠州市中心区，发展城郊农业，服务城市，富裕农民，从而出现新的机遇。惠城区委、区政府高度重视，抓住机遇，切实加强领导，进一步深化农村改革，农村处处出现欣欣向荣的景象。一是允许耕地经营权进行转移，农村出现了一批颇具规模的种养大户，商品农业规模适度扩大，“一村一品”“一地一品”在一些地区出现，如马安的西瓜、水口的蔬菜、陈江的花卉、沥林的火龙果、横沥的梅菜、芦洲的慈姑、汝湖的甜玉米等，耕地的产出率、商品率有效提高，农业效益有较大幅度增长。二是将农业与休闲、观光、旅游结合，假日农业、休闲农业、观光农业、旅游农业应运而生，农村旺起来了。到了节假日，不少市民带着家人去观光休闲，摘果子，采青菜，看看花草，体验农村的生活，呼吸农村新鲜空气，然后吃点新鲜的农家菜，带些新鲜的果菜回家，这种休闲方式深受市民欢迎。为了吸引更多的游客，主办观光休闲的农户们也与时俱进，推陈出新引进一些新的品种、项目，如鸵鸟养殖、孔雀养殖等，产生了明显的效果，大大地增加了农村对城市居民的吸引力，缩短了城市与农村的距离，同时也促进了农村的繁荣，农业发展一举两得。

把外资引向农业，推动了“三高”农业、科技农业、规模农业的发展，打造农业龙头企业。不断深化农业农村改革，城区农业出现了十分可喜的局面，初步形成了甜玉米、梅菜、优质稻、蔬菜、茄子、特色水果等六大特色农业体系。截至2012年，惠城区建成国家甜玉米高产示范区1个，省级以上标准化示范区3个，农业龙头企业56家，万亩现代化农业示范基地6个，带动农户6.7万户，产值达到20.2亿元，农户年均增收4400元。演达生态园、惠民大道、休闲农家乐、饮食一条街等，形成农业观光休闲区。海纳粮油、广田食品两家企业成为广东现代产品500强。“劲家庄”等名优企业在发展中壮大，“水中鲤”丝苗米、“悠久”牌梅菜、“潮记”牌鲜冻鸭（鹅）、澳华牌鸡饲料等，均荣获“广东省名牌产品”称号，“万佳宜”牌甜玉米罐头获“广东省知名商标”称号。仲恺高新区有重点农业龙头企业18家，惠州市东江园林有限公司和勇记农业生态（惠州）有限公司被评为广东省重点农业龙头企业。龙头企业不断增多，示范效应逐步发展壮大，农业实现了长足发展，并达到了较高的水平。

农村改革不断深入，农村、农业活起来。横沥镇是革命老区镇，种植梅菜有悠久的历史，改革开放之前，由于受传统农业的影响，梅菜的种植、加工以家庭为主，自产自销，商品率低、效益不好。20世纪80年代开始，一些经济头脑较敏感的农户看到了梅菜的发展前景，决心做好梅菜的种植、加工、销售。从最开始的办小作坊采购加工开始，逐步发展到“公司+基地+农户”的模式，集梅菜种植、加工、储存、营销于一体，实行一条龙管理，达到“六有”：一有自己的示范种植基地，二有生产加工工场，三有各类加工的技术力量，四有检测梅菜产品的设备，五有储存仓库，六有营销渠道。通过这种模式，公司、农户实现了双赢。惠州天龙梅菜公司是一家梅菜出口生产企业，运用这种模式已5年多，效果很好，很受欢迎。他们的成功经验是：第一，有调动农户种植积极性的具体措施。在该公司定点的梅菜种植基地，公司与农户双方签有保质、保价收购合同，公司提供生产资料（包括种子、化肥、农药），以后在收购中扣除，并派出农技人员指导施肥、用药；农户不用寻找生产资金投入，且不愁销路，种一亩梅菜能获得收入2000～3000元，多种多得，有能力的农户都能多种。种植大户刘运全的梅菜种植面积达25亩，年收入4万元以上。第二，为了确保产品质量，增加经济效益，公司在加工、储存过程中，高度重视把好质量关。加工厂自有管理技术人员和检测设备，自检合格并经质检部门检测合格才能出厂，成品梅菜的品质均为上等。年加工量达2000多吨，远销东南亚，年获纯利润超百万元。这种模式在原产地横沥老区镇普遍推广。现具一定规模的梅菜加工厂有22家，年加工量达3万吨左右。梅菜种植面积超过万亩，总产值达5000万元，成为该镇农业重要的经济支柱。老区泰安村80%以上的农户种植梅菜，增加了收入，建起了一幢幢梅菜楼房，被老百姓称为“梅菜楼”。横沥镇于1995年被农业部授予“中国梅菜之乡”称号，2006年被广东省授予“梅菜专业镇”称号。

农科服务体系，从无到有逐步健全。中华人民共和国成立初期，县里没有专门的农业推广机构，直至20世纪50年代末，才设立县农业局，农业局内设有粮产、经作、种子、土肥、植保等业务科室，负责农业生产技术的指导和推广。20世纪60年代中期，逐步建立了县、社、队三级农科网。1998年，建立起农业技术推广中心，各镇有农技服务站，重点对农民进行科技培训，当年就举办了农民技术员培训班，有100多人先后拿到了结业证书。

有了农业技术的服务，农业耕作由传统的粗放型种植向科学种田转变。在水稻种植上，实现了“单造改双造、双造改三造”的改革，农作物得种指数达到中华人民共和国成立初期的三倍。进入21世纪后，水口、横沥、陈江、马安、汝湖、三栋、潼湖等镇，利用温室科技，大力发展冬季农业，农作物年产量和效益得到同步增长。如马安镇推广的“稻—瓜—菜—薯”一年四造轮作制，在2001年时，平均每亩耕地产值达到了5500元。同时，利用先进科技，优化农作物品种，实现了从低产、低质、低效到高产、优质、高效转变。水稻、花生、甘蔗等品种进行了多次的更新换代，插秧技术也从“面朝黄土背朝天”改革为田头抛秧，大大降低了劳动强度。在病虫害方面，逐步发展到药治为辅、预防为主、生物结合综合防治技术，使农作物病虫害的损失控制到最低限度，让农作物在绿色、生态、环保的环境中生长。

惠城区水库基本情况表

序号	水库名称	工程等别	所在镇（街道）	总库容（万立方米）	正常库容（万立方米）	灌溉面积（万亩）	建设年份
一、中型水库4宗							
1	角洞水库	中型	汝湖镇	3271	1860	2.5	1956
2	庙滩水库	中型	汝湖镇	1533	1120	1.4	1957
3	伯公坳水库	中型	芦洲镇	1040	738	1.0	1973
4	招元水库	中型	横沥镇	1400	1200	1.2	1960
二、小（一）型水库15宗							
1	鸡笼坑	小（一）型	三栋镇	106	85	0.2	1957
2	芦村水库	小（一）型	芦洲镇	111	65.05	0.15	1962
3	大坑水库	小（一）型	横沥镇	121.2	71.54	0.35	1956
4	陂头水库	小（一）型	水口街道	147	97	0.4	1963

（续表）

序号	水库名称	工程等别	所在镇（街道）	总库容（万立方米）	正常库容（万立方米）	灌溉面积（万亩）	建设年份
5	七坑水库	小（一）型	芦洲镇	164	109	0.3	1963
6	狮子水库	小（一）型	横沥镇	184	131	0.4	1954
7	风门坳水库	小（一）型	芦洲镇	186	113	0.12	1969
8	抱塘水库	小（一）型	水口街道	272	234	0.5	1959
9	莲塘布水库	小（一）型	三栋镇	327	245	0.57	1957
10	黄沙洞水库	小（一）型	横沥镇	337	216	0.3	1958
11	洋塱水库	小（一）型	汝湖镇	359	238	0.5	1958
12	大洞水库	小（一）型	芦洲镇	411	300.48	0.5	1958
13	河洞水库	小（一）型	马安镇	512	416	0.44	1956
14	大岭头水库	小（一）型	汝湖镇	583	348	0.16	1968
15	峚坑水库	小（一）型	横沥镇	660	495	0.5	1958

惠城区堤防基本情况表

序号	堤防名称	防洪标准（%）	工程地点	堤防长度（公里）	防洪效益		建设年份
					人口（万人）	农田（万亩）	
1	芦岚堤	5	芦洲镇	3.8	0.3	0.6	1956
2	三洲围	5	芦洲镇	15.8	0.8	1.6	1952
3	横沥堤围	5	横沥镇	11	5.5	6	1963
4	平马围（惠城段）	2	马安镇	12.89	2.78	1.2	1959
5	永良围	5	马安镇	8.8（惠城区段）	8.98	5.5	1964
6	东湖堤	5	汝湖镇	9.54	0.9	2	1960
7	仍图围	5	汝湖镇	14.82	2.5	2.2	1952

（续表）

序号	堤防名称	防洪标准（%）	工程地点	堤防长度（公里）	防洪效益		建设年份
					人口（万人）	农田（万亩）	
8	鹿颈堤	5	三栋镇	6.13	0.45	2	1994
9	惠州大堤（东堤）	2	水口街道	32.08	10	10	1959
10	惠州大堤（北堤）	2	市管	18.93	19.2	29.1	2011 年达标加固
11	惠州大堤（南堤）	1	市管	22.67	52.9	4.5	2010 年达标加固
12	合计	—	—	156.46	104.31	64.7	—

第二节 大办工业

中华人民共和国成立前，整个惠州的工业基础都很差。工业单位少，且全部是私营或个体手工业，技术含量、生产能力、机械化程度都很低。加工业只能生产一些农用工具，原材料只有木材、松香及铸锅用的少量生铁。中华人民共和国成立后，惠城区（含仲恺高新区）在社会发展的浪潮中借助各项优惠政策，不断自我更新、自我发展，闯出一条又好又快的工业发展之路。截至2012年，惠城区完成生产总值438.82亿元，规模以上工业增加值74.9亿元，区本级公共财政预算收入22.54亿元，当年荣获“中国市辖区综合实力100强”称号。仲恺高新区全年完成地区生产总值422亿元，规模以上工业总产值1991亿元，地方公共财政预算收入9.23亿元。

“办实业，打基础”，工业开始起步。1984年，惠阳地委、惠阳行署作出“办实业，打基础”的决策，要求各县市主要领导要把精力放在抓工业生产上，提出了“掉转屁股抓工业”的口号，要求各级各部门努力创造条件，大办实业，为惠州20世纪90年代经济起飞打下基础。按照惠阳地委的要求，当时的惠城区在“打基础”上布置了6个方面的工作：一是制止破坏生态平衡的行为；二是引导和鼓励农民每年都投资搞一批长期的生产建设；三是针对国民经济的薄弱环节和生产发展的要求，逐年发展一部分必要的基本建设项目，比如能源、交通、工业基地、旅游项目等；四是围绕“提高经济效益”这个中心，发展各项经济事业；五是认真贯彻“调整、改革、整顿、提高”方针，集中精力搞好现有企业的调整和产品结构的调整；六是要注重智力投资，把教育事业办好。在“办实业”上，着重对工业管理体制进行改革，实行公司化管理，县经委下属的19个行政性单位，全部改制成公司。其他各部门也兴办了很多经济实体，许多机关干部被派到经济第一线，兴办各类生产性、服务性企业达40多家。同时，鼓励集体、个体、独资、合资企业不断增资扩产，积极开展外引内联，抓好技术改造，加强内部管理，有力地促进了工业生产的发展。到1989年，工业总产值达到4.89亿元，相继建成了啤酒厂、汽水厂、化工厂、惠州糖厂、柠檬酸厂、机械厂等骨干企业，先后组建了一批集工、贸于一体的企业集团公司。

借外力，发展第二、第三产业。惠城区是一个农业地区，在20世纪80年代，要想快速发展，唯一的出路就是“眼睛向外”，利用外资，发展自己。中共十一届三中全会后，历任领导坚持对外开放，利用一切积极有效的形式，吸引境外资本、技术和先进管理经验，扩大对外合作的规模与水平。进入20世纪90年代，当时的惠城区委、区政府先后召开三级干部会议，提出要利用毗邻深圳、香港的优势，大力发展工业，以引进“三资”企业为重点，着力建设和发展外向型工业体系。发展方向明确后，各镇（街道）在借外力上全面解放思想，积极有效地开展多种形式的招商引资。概括起来，全区利用外资取得成功经验主要有：一是坚持以商引商、以厂引商和以情招商相结合。就是与现有的客商交朋友，切实解决他们的困难，从而赢得客商的信任，达到以商引商的目的。鼓励有回拨地的镇村，不要瓜分土地，而是在土地上建厂房，让外商看好房子后，不用再投入大量的基建资金，“拎包入住”即能生产。各地对前来洽谈的外商，不论项目大小，不论成功与否，都真诚相待，建立友情，积极热心为客商服务，做到引一家、稳一家。二是走出去，实行代理招商。20 世纪 90 年代，各地区都在开展招商引商工作，各地区都有自己的优惠政策和措施，大家都忙着争资金、拉项目。针对这种情况，惠城区决定主动出击，走到外面去，实行代理招商，就是由中介公司负责项目的跟踪引进工作。项目引进成功落户后，根据投资总额按一定比例奖给中介公司。通过这种方式，惠城区先后与深圳台商工业园合作，实行代理招商。深圳台商工业园利用它在深圳的知名度和人缘优势，成功为陈江、沥林、惠环、水口引进台资企业 10 多家。三是不断改善投资环境，增强对外商的吸引力。各镇（街道）十分重视基础设施建设，在外商拟落户的地方，积极开展“五通一平”工作，即通水、通电、通路、通电信、通网络，对外商看中的土地进行全面平整。同时，搞好所辖区域的道路建设、绿化、亮化、美化工作。这些基础设施的建设，为招商引资打下了坚实的基础。四是实施园区招商。借鉴深圳、东莞等先进地区建设园区招商的成功经验，及时做好全区规划，在三栋、陈江、惠环、小金口、水口、沥林等地，设立工业园区。通过集中连片开发，减少基础设施投入，提高管理和服务效率，促进招商引资工作迈上一个新的台阶。

通过以上方式，惠城区在 20 世纪 90 年代吸引了一批又一批来自日本、韩国、美国、法国、澳大利亚，以及港、澳、台地区的一些企业，先后来到这里投资办厂。比如香港庄士集团、亚伦集团、仕荣有限公司及台湾大欣集团，韩国三星集团、日本株式会社等。国内各省区、各部委也来此兴办公司。到 2000 年底，全区“三资”企业和“三来一补”（来料加工、来件装配、来样加工、补偿贸易）企业达 1700 多家，工业总产值达 98.35 亿元。引进永亨银行、汇丰银行等一批金融机构，麦德龙商场、意生广场、粤东家具博览中心等一批商贸项目建成运营，佳兆业、华贸中心、富力丽港中心等商务楼宇集聚发展，农批中心、义乌小商品城创收 100 多亿元。第二、第三产业你中有我、我中有你，得到融合发展。

进入 21 世纪，区委、区政府积极宣传并引导企业走产业集群化道路，高标准规划建设工业园区，形成了以陈江为代表的灯饰照明，以惠环为代表的电子信息，以水口为代表的纺织服装，以小金口为代表的汽车配件，以沥林为代表的运动器材等产业集群。2010 年区划调整后，惠城区部分镇（街道）划给了仲恺高新区。面对工业缺失的新情况，惠城区加大投入力度，新建起“1 +4”高新科技产业园，即 1 个三栋中心园及水口、汝湖、马安和横沥 4 个分园。总规划面积 39. 06 平方公里，开发面积约 10. 5 平方公里，入驻企业和项目 229 宗。2012 年，全区工业形成电子信息、汽车配件、纺织服装、新型材料、化工药品等门类较齐全的工业体系。

第三节 异军突起的乡镇企业

中华人民共和国成立后，惠城区（含仲恺高新区）乡镇企业的发展，经历了萌芽、起步、快速发展、调整提高和全面发展5个阶段，谱写了一曲激昂强劲的发展乐章。

第一阶段：1949—1978年，是乡镇企业萌芽曲折发展阶段。中华人民共和国成立后，确立了农村生产资料集体所有的制度，为适应农村生产和农民生活的需要，20世纪50年代中期，不少地方以社队为基础，陆续办起了农具社、建筑社、粮油加工厂、副食品厂、小林场、农机站等集体企业，这就是开始萌芽的乡镇企业。到1978年底，共有乡镇企业188家，从业人数3849人，企业的总收入为538万元。

第二阶段：1979—1985年，是乡镇企业起步发展阶段。中共十一届三中全会后，国家实行改革开放，惠州作为沿海地区得到先走一步的优惠政策，各地通过招商引资，发展了一批"三来一补"和合资、合作企业，推动了乡镇企业的发展。此时的镇办企业以工业为主体，以外向型企业为支撑，起到了龙头带动作用，如沥林的肯通公司、陈江的大欣灯饰、水口的比奥得食品、河南岸的金刚石制品厂等。到1983年底，共有乡镇企业263家，从业人数达6270人，企业的总收入为1219万元。

第三阶段：1986—1991年，是乡镇企业快速发展阶段。这一时期，党中央高度重视乡镇企业的发展，鼓励农民兴办各类企业。

以“三个为主”（坚持实施投资体制以双引进为主、产业结构以工业构成为主、发展格局以骨干企业为主）为指导方针，点燃了当时发展乡镇企业的燎原之火，促进了乡镇企业迅速发展。

第四阶段：1992—2000 年，是乡镇企业调整提高阶段。国家实行宏观调控和治理整顿，所有的乡镇企业也相应地进行了结构调整和优化，通过科技手段来改进生产，努力提高经济运行的质量和效益。

第五阶段：2001—2012 年，是乡镇企业全面发展阶段。各级党委、政府积极解放思想，为乡镇企业的发展创造了一个良好的社会环境，乡镇企业步入最好的发展时期。乡镇企业异军突起，成为国民经济重要的组成部分和农村经济的主体力量，地方政府的财税收入大多来自乡镇企业。大大小小的乡镇企业聚集在一起，让农村形成了小城镇，逐步缩小了城乡差别。同时，也把农民转变成城镇居民。2012 年，惠城区乡镇企业总产值达到 120 亿元，占地区生产总值的 1/3，安排就业人员达 38 万人。

第四节 夯实基础设施建设

公路建设。中华人民共和国成立初期，惠州的交通运输相当落后，公路通车里程少，路况差。据1950年相关数据统计，当时整个惠州境内仅有4条公路可通车，总长度152公里，分别为惠樟公路46公里、广汕公路惠（州）平（山）段35公里、淡（水）澳（头）公路13公里、深（圳）淡（水）公路58公里，都是简易土路，路面残破不堪，杂草丛生，行车时速极慢。全市仅有大小桥梁41座，且多数为木质桥。改革开放后，交通基础设施建设发展迅速，交通网络不断发展和完善，基本满足了惠州经济发展的需要。这一时期的建设特点，不仅是投入量大、起点高、效益显著，而且实现了三大历史性突破。一是铁路建设的突破，广（州）梅（州）汕（头）铁路通车，火车站设在小金口，结束了惠州不通火车的历史。这一突破不仅是区域性的，而且是沟通我国南北的大动脉，成为京九铁路南端通往港澳，进而通向世界最便捷的出海口。二是高速公路的突破，惠（州）深（圳）高速、深（圳）汕（头）高速（惠州段）、广（州）惠（州）高速、惠（州）大（亚湾）高速等使全市的公路等级大大提升，巩固了惠城区（含仲恺高新区）作为珠江东岸交通枢纽的地位。三是轻轨的突破，随着惠州城市竞争力的不断提升，2003年开始了城际快速轨道建设，2016年正式开通运行。

改革开放以来，作为中心区的惠城区深知“路通财通”的道理。为加强道路建设，在全市率先实行“以路养路，以桥养路”的方针，设立收费站，用所得的收入循环投入到各级公路的建设当中。20 世纪 90 年代初，惠城区在惠州市委、市政府的大力支持下，修通了通往各乡镇的公路，辖区内通车里程达 300 多公里，全属柏油路。进入 21 世纪，随着对外开放的力度不断加大，惠城区的城市建设不断扩张，道路已变得越来越拥挤。为改变这种状况，市、区两级共同投入资金，再加上市场融资，先后修建了金龙大道、先科大道（今惠民大道）、惠（城）博（罗）沿江大道、惠樟公路、惠水公路、金榜大道，市区二环大道、三环大道、五一路、仲恺高新区环线公路，省道 120 线及县道 208 线、203 线，完成了深汕高速、惠深高速、惠（州）河（源）高速、广惠高速的改造与修建工作。到 2012 年，已建成以惠城区为中心，东连汕头、西连广州、南至深圳、北连河源，内连各县城的高等级公路，下接各行政村的乡村公路网络。据不完全统计，惠城区（含仲恺高新区）辖区内公路总里程达 3000 多公里，其中高速公路 130 公里，省道 220 公里，县道 324 公里，乡道 903 公里，村道 484 公里，内街小巷硬化路面达 200 公里。实现了向外通高速路，到各县（区）通一级公路，到镇（街道）通二、三级公路，到乡村通四级公路的目标。在修路的同时，架起了各种大小桥梁 20 多座，比较出名的有惠州大桥、合生大桥、电信大桥、水门大桥、马安大桥，修缮拓宽了西枝江大桥、东江大桥、新开河大桥等。市内立交桥有汽车站广场立交桥以及麦地天悦人行天桥、花边岭人行天桥和东平人行天桥等。

电网建设。中华人民共和国成立后，惠城区的电力发展经历了 5 个不同的阶段。中华人民共和国成立初期，电力工业从无到有；20 世纪 60 年代，逐步建立；20 世纪 80 年代，快速成长；20 世纪 90 年代，飞速发展；21 世纪后，进入高科技管控发展阶段。

1994年，惠城区（含仲恺高新区）辖区内有变电站14座，总容量61万千伏安，输电线路27条，总长417公里，10千伏配电线路108条，长度达2000多公里。进入21世纪，惠州500千伏配电线路随处可见，220千伏配电线路已延伸到各镇（街道）、各大工业园区，110千伏配电线路总长度已达5000多公里，有力地保障了各个片区用电需求。

信息化建设。惠城区（含仲恺高新区）信息化建设始于1995年，各级各部门1998年开始使用互联网并逐步建立网站。1999年9月建成全区性电子政务综合信息平台。该平台建好后，加强了政府发布政务信息、在线服务、与公众互动交流等功能。进入21世纪，整个辖区内信息服务企业有60多家，企业网站过万家。2010年，实施百村（居）上网工程，所有村委会和居委会都建立了网站（网页），市民可以通过互联网了解村（居）委会的基本情况。

水利建设。中华人民共和国成立前，惠城区（含仲恺高新区）受洪涝灾害严重。为了生存和发展，全区人民历来重视兴修水利。中华人民共和国成立后，经过全面调查，制定了水利总体规划，洪涝地以防洪复堤、联围筑闸为主，干旱地区以修筑山塘水库为主，分期分批实施。20世纪50年代，主要采取以工代赈的方式，动员群众对沿江堤围进行修复和加固，先后对马安、广和、潼湖3条堤围加高培厚；对水东、三洲堤围加高培厚并加长新堤；新建了大湖溪和合山门水闸两座。20世纪60年代，掀起了全民办水利、社会办水利高潮，先后建起中小型水库48座，电力排涝站41座，工程建成后，改变了整个片区“大雨大灾、小雨小灾、无雨旱灾”的历史。到2012年，惠城区建起东江、西枝江堤防工程14宗，万亩以上堤围8宗；小（二）型以上蓄水工程91座，灌溉面积达18万亩；电力排灌站136座，装机187台；水轮泵站34座，灌溉面积47.5万亩；修分洪渠道33条，总长285.7公里。

第五节 老区建设

中华人民共和国成立后，历届党委、政府都高度重视革命老区建设，不断加大政策和资金扶持力度。特别是改革开放以来，区委、区政府把老区的发展作为一项重要工作来抓，因地制宜调结构，大力发展特色农业、特色旅游业，不断夯实老区基础设施建设，老区人民的生产生活条件明显改善，人民生活水平不断提高。

在政策上进行帮扶。中华人民共和国成立后，根据国家有关政策，原惠阳地委对革命老区给予多方面的优惠政策。20 世纪 80 年代初，进一步明确了对老区帮扶的相关规定，比如对口粮水平低的老区减免公购粮任务；农村特产税按实际收入计算征收，没有收入的不用纳税；对利用荒山、荒坡、荒地、荒水等从事开发性生产、开发初期投入较大，产量不高、收入不多的老区，经县以上人民政府批准，可缓征税 2 ~ 3 年；贫困老区乡镇的农户可以免购国库券；非山区乡镇，年财政收入不足 30 万元的，可享受多项优惠政策；老区贫困农户纳税确有困难的，准予免税，新开垦的荒地、荒山、滩涂上生产的农林特产品自有收入起 5 年内准予免税；为减轻贫困老区农民负担，除省政府规定应征收的税费外，禁止向老区农户进行其他集资摊派。进入 21 世纪，先后出台了《关于进一步加强革命老区建设工作的意见》《革命老区十项帮扶制度》等一系列文件，要求各级党委、政府要进一步加强对老区工作的领导，做到“三个一”（一把手负责、一名副职领导主管、制定一个老区建设发展规划）和“五个有”（年年有部署、有总结、有示范、有典型经验推广、有督促检查）。2009 年，制定规划到户、责任到人的“双到”扶贫工作计划。惠城区先后派出 18 个工作组、45 名干部进驻包括老区在内的 21 个贫困村，对 100 多户贫困户进行帮扶。2010 年，对革命老区实施“双转移”战略（产业和劳动力进行转移），把没污染又高效的农业龙头企业和高新技术企业引进革命老区，为老区的就业和经济发展提供活力。先后建立了马安工业园、横沥工业园、水口工业园，三大园区年总产值超过 200 亿元，工业增加值超过 27 亿元，税收约 11 亿元，吸纳就业劳动力约 3.5 万人，有力地解决了老区大批劳动力的出路问题，增加了老区群众的收入。

在资金上进行帮扶。20 世纪 60 年代，惠阳市（含现在的惠城区、仲恺高新区）投入建房款 10.7 万元，为老区住房破旧的农民建房 82 户、修房 127 户。20 世纪 70 年代，为帮助老区人民植树造林，投入植树种子金额 87603.6 元，造林面积 98750.49 亩；投入水利工程款 7.75 万元，兴修大型水利设施 21 宗，小型水利设施 76 宗，受益面积达 19603 亩。20 世纪 90 年代，广东省、惠州市、惠城区（含仲恺高新区）财政拨款 403 万元，支持老区建设。同时要求物资局、供销社等部门对老区免费提供化肥农药，共计金额达 2287.6 万元。到 2000 年，惠城区（含仲恺高新区）的老区造林面积达 68 万亩，种植各类水果 24915 亩，其中国家在资金上扶持办果场 17 个共 1415 亩，果苗场 4 个共 1026 亩。区委、区政府扶持农户养耕牛 1100 多头，水面养殖 2530 亩（包括山塘、虾场），扶持农户及专业户养“三鸟”达 20 余万只。2003 年，对年人均纯收入 2500 元（含 2500 元）以下的老区村贫困户进行结对帮扶，在 3 年内使贫困户人均纯收入达 3500 元以上。

在产业上进行帮扶。改革开放后，省、市、区（含仲恺高新区）扶持老区兴办各种经济实体104家，1990年生产产值达3357万元，安排劳力2429人，其中“三来一补”企业58家，利润343.9万元，上缴税收72.1万元。进入21世纪，惠城区（含仲恺高新区）认真实施产业扶贫，引导57家农业龙头企业、67家农民专业合作社带动贫困户种植优质稻、甜玉米、无公害蔬菜等特色农业产业。有的企业资助芦洲镇老区村养殖甲鱼，年产值达40万元；有的部门为低保户买来水牛，提供养殖技术服务；有的还为贫困户提供种苗、化肥资金，帮助农户提前脱贫。对集体经济特别薄弱的老区村，惠城区在帮扶上独辟蹊径，收到良好的成效。如2009年底，区委、区政府投入4000万元升级改造小金口农贸综合市场，建筑面积约2.8万平方米。新市场建成后，租金收益用于扶持15个老区村，每个老区村每年能增加收入5万~8万元。2012年，惠城区（含仲恺高新区）大力推进“百企扶百村”活动，积极动员辖区内的企业挂钩扶持革命老区村，引导和帮助老区村做好新农村规划。

在基础设施上进行帮扶。20世纪70年代，修筑老区公路、乡村道路24条，里程248公里；建大小桥梁87座、长度达2740米；架设输变电线路11宗；修建农村水利设施67宗，饮用水工程5宗，打井24口。20世纪90年代，有82%的老区开通了客运班车，有97%的老区村庄通了电，解决了65%的老区村庄人、畜饮水问题。修老区校舍136间，1.8万平方米；修建卫生院、卫生站6间，1676平方米。进入21世纪，惠城区（含仲恺高新区）再次加大对老区镇、村的投入力度。首先是加大村道硬底化力度，先后完成了53个老区行政村硬底化改造任务。其次是改造修缮古渡口。惠城区革命老区现有渡口三处，分别位于芦洲镇上青村、三洲村及横沥蓬陵村。芦洲镇上青渡口位于上青村东江边上，有着悠久的历史，一直是东江两岸居民交通来往的重要通道。上青渡口修建于20世纪，相对比较简陋。2007年10月重新改造，现拥有3艘渡船，均为钢质结构。其他两处渡口也分别得到修缮。最后推进汽车站、候车亭建设。为方便老区人民群众出行，惠城区于2009年筹划建设横沥汽车站，工程投资580万元，于2010年10月完成建设并投入使用。2008年以来，惠城区（含仲恺高新区）先后投资184万元建设了51个老区行政村候车亭（点），现已全部投入使用。

第六节 着力解决老区“一保五难”

“一保五难”是指要为革命老区群众提供最低生活保障和解决住房难、行路难、看病难、读书难、饮水难。进入21世纪后，惠城区（含仲恺高新区）多措并举，切实帮助老区解决“一保五难”问题，并取得显著成效，使革命老区群众能共享改革开放的成果。

实施低保工程，做到应保尽保。为减轻贫困家庭经济负担，进一步保障困难村民的基本生活水平，2003年，惠城区（含仲恺高新区）根据上级有关要求，在全市率先建立起农村最低生活保障制度。即对家庭人均收入低于最低生活标准的人口给予一定现金资助，以保证该家庭成员基本生活。一旦该家庭收入有所增加，超过了规定的救济标准，则不再享受最低生活保障救济。制度出台后，把所有由于各种原因而不能保障基本生活的农村居民全都进行了覆盖，做到了应保尽保。据统计，2003年，惠城区（含仲恺高新区）农村居民最低生活保障线为每人每月160元，共有5841户18441人需要领取低保。发放低保的资金主要由地方财政负担，具体由中央、省、市、县（区）承担。当年，惠城区（含仲恺高新区）发放低保资金2346万元。自出台农村最低生活保障制度后，此后每年都不断健全低保标准自然增长机制，确保困难群众的收入能够跟上经济发展的步伐。到2012年，惠城区（含仲恺高新区）最低生活保障标准从最开始的每人每月160元提高到每人每月400元，农村五保对象供养标准提高到每人每月700元，孤儿养育标准提高至800元。最低生活保障制度的出台，切实保证低保对象入保率达100%，保证低保金的社会发放率达100%。低保资金专款专用，及时足额发放，给广大农民群众特别是生活困难群众带来了实实在在的好处。

解决住房难。进入21世纪后，惠城区（含仲恺高新区）认真做好农村低保户、困难户危房解危工作。从2003年起，由市、区总计投资873万元，对208户低保户、困难户，涉及819人，面积1.2万平方米的危房进行修缮解危。妥善解决潼侨镇移民村、潼湖镇移民村、横沥山区村、芦洲山区58家困难户住房难问题。对于马安、三栋、小金口、水口等镇（街道）困难户住房难问题，采取在原址上拆后重建或由政府提供用地进行重建的做法，区、镇（街道）安排专项资金，一次到位解决这些贫困户住房难问题。同时，搞好农村低保户、困难户泥砖房改造。2005—2008年三年间，市、区、镇（街道）出资对1023户2800多人的4.8万平方米的泥砖房按标准改造为砖瓦房，总计投资5128万元，分期分批进行改造。对新建或改造的农民住房，做到了“四通”（通电、通水、通路、通网络）。对没有卫生间、化粪池的农民困难家庭，按标准进行加建完善，推动农村改厕工作顺利进行。截至2012年底，老区改厕补助金额达230.6万元，改厕受益农户3746户。

解决行路难。21世纪初，惠城区着重解决行政村通公路的问题，2000—2008年八年间惠城区（含仲恺高新区）共投入资金81369万元，由省、市、区按一定比例分担。完成了53个行政村村村通公路的任务，总长度达174公里。2008—2012年，共投入补助资金共计6419万元（其中省补助15万元/公里、市补助10万元/公里、区补助5万元/公里），帮助辖区内132个自然村修建水泥公路 432 公里，彻底解决了老区人民和在老区务工人员近 7 万人的行路难问题。

解决看病难。进入 21 世纪，惠城区（含仲恺高新区）高度重视农村医疗卫生工作，把“加强农村基础卫生设施建设、增加卫生事业经费的投入和改善农村卫生服务”作为解决农村群众“看病难”的主要抓手，认真对待。2003 年惠城区对老区卫生事业的投入达 1000 万元以上，2004 年成倍增长，到 2005 年投入达 5720 万元。2006 年，惠城区（含仲恺高新区）率先在全市完成了村村建有卫生站的任务，顺利实现了市委、市政府提出的全市农村要 100% 建立卫生站的工作目标。同时，还完成了横沥、马安、汝湖、矮陂、芦洲等 5 家卫生院的危房改造任务，先后新建医疗业务用房共 6650 平方米。2008 年，省、市、区三级政府共投入农村卫生建设资金 468 万元（其中省政府 343 万元，市政府 75 万元，区政府 50 万元），省政府还按每 1 万人给 12 万元财政补贴的政策扶持农村卫生院，有效缓解了农村卫生院资金的困难。2010 年，根据广东省委、省政府《关于乡镇卫生院管理体制改革与建设的意见》和《惠城区改造薄弱乡镇卫生院实施方案》的要求，惠城区用 3 年时间，对芦洲、大岚、矮陂、横沥、演达、汝湖、马安等 7 所农村卫生院进行规范化建设，解决 19.4 万名农村人口的就医环境问题。经过多年的努力，到 2012 年，惠城区（含仲恺高新区）基本完成农村卫生院的改造工作，通过业务用房改造、添置医疗设备、引进人才等，乡镇卫生院全部达到了一级医院标准。革命老区患者大病不出市、常见病不出镇、小病不出村的就医模式初步实现。

解决读书难。着重增加教育投入，积极改善学校办学条件，提高教育教学质量，促进城乡教育均衡发展。进入 21 世纪，惠城区（含仲恺高新区）多渠道投入资金 1.2 亿元，为老区新建学校或改造学校、教师宿舍、学生宿舍、饭堂等约 9.8 万平方米。2006 年秋季以来，国家全面实施农村免费义务教育，建立扶贫助学体系，大力扶助特困生上学，并对农村困难家庭子女给予生活费补助，巩固了老区普及九年义务教育成果。2009 年惠城区成功创建广东省教育强区，2012 年实现“镇镇皆是教育强镇”目标，老区学校旧貌换新颜，老区孩子与城里孩子同享优质教育资源。在教师队伍建设上，通过公开招聘，开设绿色通道，为老区学校引进一批优秀教师。在统筹城乡教师工资实现“两持平”（区域内教师待遇与公务员待遇基本持平，城市教师待遇与农村教师待遇基本持平）基础上，设立偏远山区教师岗位特殊津贴及名优教师津贴，充分调动老区教师的工作积极性。同时，实施城乡教育联动发展计划、骨干教师下乡支教、农村教师镇管校用等措施，为老区学校提供各种支持和帮助，促进老区教育教学质量全面提升。

解决饮水难。从 2005 年开始，惠城区（含仲恺高新区）每年投入约 3500 万元，帮助未通自来水的老区村接通供水管道。当时，有 47 个村小组未能通水，这些村小组大都处在偏远地区或山窝里面，距镇区都有一定的距离，仅铺设管道就需要大量资金。但为了让群众喝上自来水、放心水，各级政府齐心协力，按照分期分批、由近到远的工作方法，用 5 年时间，铺设总长 312 公里的管道，基本解决了老区村饮水难问题。

第七节　老促会工作求真务实

惠城区（含仲恺高新区）老区建设促进会成立以来，为促进老区建设作出了不懈努力。

惠城区在2003年从惠阳划入48个老区村以后才成立老区建设促进会。虽成立较晚，但指导思想明确，始终把掌握老区第一手资料、了解老区存在的问题及老区人民的生产生活需求作为工作的主要内容，为区委、区政府解决老区存在问题提供依据。10多年来，在会长带领下，老促会走遍了所管辖的每一个老区村，撰写了《解决老区存在问题应采取的对策》《老区存在问题与促进建设应采取对策的调查报告》《五个方面严重制约　老区奔康步履艰辛　惠城区老区问题突出　望引起高度重视》《惠城区老区革命历史和存在的问题及解决对策》《惠城区老区历史和老区村帮扶情况》《惠城区老区村情况和对老区工作意见》《抓住机遇蓄意改革　老区水口富起来了》《惠城区扶持老区村发展情况汇报》《惠州梅菜产业发展情况的调查》《惠城区扶持老区村发展情况汇报》《惠城区革命老区脱贫攻坚情况汇报》等10多篇调研报告，向区委、区政府汇报，协助区委、区政府采取强有力的措施，解决老区的问题，打了两个漂亮仗：一是花大力气，较好解决了老区村的“一保五难”的问题；二是精准扶贫，脱贫攻坚，按中央要求，惠城区（含仲恺高新区）提前两年实现脱贫目标。

老促会十分重视对惠及老区人民的建设项目抓好落实。为帮助老区村申请资金解决行路难，老促会至少到实地察看三次：申请前下去核实项目的可行性；经上级批准后，到现场协助村抓好落实各项工作；完工后，到现场察看竣工情况。省里支持的 28 个解决老区行路难的项目，都是这样做的，使项目资金真正落到实处，为民生办好实事，确保了项目资金最大限度发挥作用。

省老促会非常重视惠城区（含仲恺高新区）促进老区建设的经验。省老促会在惠州组织召开了现场会和全省老促会会长座谈会，在省老促会会长带领下，全省各地市老促会领导到水口龙津参观综合市场和农业综合开发等项目，到马安新楼村参观新农村建设情况，并详细听取了村支书的经验介绍，获得了较好的评价。

7

第七章

十八大后的新时代

第一节 加快经济建设

以中共十八大精神为指导，惠城区（含仲恺高新区）进一步加快经济建设，让革命老区紧紧跟上经济发展的步伐。

实施创新驱动战略，工业总量进一步壮大。着重加快培育新动能，推动大众创业、万众创新；坚持不懈推进科技进步与创新，增加高科技含量、高附加值、高精尖的有效供给，促进经济高质量发展；加快孵化育成体系的建设，实施孵化器倍增计划。近5年来，惠城区先后建起桥东电子商务产业园及江北的GT创新谷、T21创意园、思科产业园科技企业孵化基地，推动佳兆业创享界、华贸思维联行、“互联网+商创”小镇众创空间落地，成功引进南方研究院暨复明工程医院、中国科学院近代物理研究所强流重离子加速器和加速器驱动嬗变研究装置等4家院士工作站，高层次产学研用合作初见成效。仲恺高新区全面打响“创新质量攻坚战”，围绕攻坚战目标，重点实施创新创业主体培育、创新产业升级、创新服务体系构建、体制机制改革创新、开放型创新建设等五大创新攻坚工程33项行动计划，依托电子信息产业基础，打造了平板显示、LED、移动互联网、新能源以及云计算应用、智能装备制造“4+2”特色产业体系。截至2017年底，惠城区共有高新技术企业193家，省级以上创新平台31个，科技企业孵化器4家（国家级1家），众创空间9家（国家级2家），新增企业技术中心7家，发明专利申请量5800件，实现规模以上工业增加值达113.95亿元。仲恺高新区共有高新技术企业176家，省级新型研发机构8家，省级以上创新平台76个；全年专利总量申请破万件，PCT（专利合作条约）申请219件，连续7年蝉联惠州市第一；收入超千亿元企业1家，超百亿元企业3家，超亿元企业55家，全国电子百强企业4家；创新型产业集群产值达2050亿元，同比增长32%，占全区工业总产值的80%，确保了高新区创新工作继续领跑全市，冲击全省领军水平。

以园区为抓手，打造先进制造业集群。工业园区是企业有效聚集之地，很容易形成特色支柱产业和名片产品，具有强大的辐射效应和吸虹效应。5年来，惠城区不断拓宽三栋中心园和水口、汝湖、马安、横沥4个分园的容积率，使工业园区模式向多产业格局方向发展。例如，三栋中心园重点发展电子信息、先进装备制造业；小金口高新科技产业园以打造电子专用设备、新材料为主导产业；水口分园重点发展电子信息、纺织服装等轻工产业；马安分园将打造成智慧生态的高新技术产业基地；汝湖分园重点发展汽车配件等主导产业。到2017年，惠城区工业园内入驻企业和项目近300宗，总产值达245亿元，已成为做大做强工业经济的有力支撑。仲恺高新区主要是抓好东江高新科技产业园和惠南高新科技产业园的发展。东江高新科技产业园是仲恺高新区重要组成部分，自仲恺高新区成立以来，坚持高标准规划、高起点建设，承接高端技术产业转移，奋力打造惠州市最具活力的科技新城及创新驱动发展的主战场之一。截至2017年，东江高新科技产业园建成面积约9平方公里，形成LED光电、移动通信、汽车电子、新能源、持续型消费等产业集群，税费收入5.05亿元。惠南高新科技产业园经过多年发展，已成为国家级高新区的重要组成部分。目前，园区已引进国内外200余家企业，吸引投资额400多亿元，初步成为以移动互联网、平板显示、智能装备三大产业为主导的新型产业园区。截至2017年，园区累计实现工业总产值143.3亿元，工业增加值32.7亿元，税费收入6.89亿元。惠城区（含仲恺高新区）内的工业园区，在招商引资上，严把项目质量关，先后引进了中电北斗产业科、骏亚电子、国创珈伟石墨烯、艾合半导体设备研发与制造、联赢激光、组合科技、展讯通信、鼎泰智能、文思海辉、博实结、隆利科技、杰普特等一批高质量项目。仲恺高新区目前共有上市企业11家，新三板挂牌企业21家。惠城区在国内A股市场上市企业共有1家（骏亚电子），在全国中小企业股份转让系统挂牌企业共有14家。

实施"进三优二"战略，现代服务业集聚发展。"进三优二"是指大力发展现代服务业，优化工业结构。惠城区是惠州市城市商务金融核心区，是展示惠州新城市形象的"窗口"，同时也是总部经济的主要载体。大力发展现代服务业，特制定《惠城区加快现代服务业发展实施办法》，重点发展现代商贸物流业：加快发展工业物流及汽车、农产品、小商品、建材等专业市场，以及发展会展物流和再生资源物流链；大力发展总部（楼宇）经济：引进世界500强等跨国公司、中国500强企业和国内服务行业100强等大型龙头企业，设立地区性总部或分支机构；大力发展信息与科技服务业：依托区高新科技产业园、金泽物流园和其他园区现有的资源与优势，建设商贸物流、金融信息、科技服务等面向行业的公共服务平台；大力发展文化创意产业：对旧厂房和旧设备加以改造利用，引进国内外具有影响力的设计师工作室和有潜力的品牌设计企业，先后发展起以动漫创意、网络文化等为代表的新型文化产业。加大对现代服务业的扶持力度，自2013年起，惠城区设立现代服务业发展引导专项资金，每年由区财政安排1000万元，对现代服务业进行扶持。截至2017年，惠城区重点培育出75家商贸楼宇，进驻企业2000余家。仅在江北，就有华贸、佳兆业、富力、中信、德威等数十栋商务楼宇，其中不少是营业额过亿的“亿元楼”，“立起来的开发区”渐成气候。在桥西，以花边岭为中心，培育出现代金融一条街，引进银行及保险金融机构103家；以桥西、桥东、江南片区为重点，充分利用惠州西湖、“两江四岸”自然资源和古城、古人、古事等历史文化资源，成功打造集文化创意、创业孵化、休闲旅游为一体的文化创意中心区。仲恺高新区近年来重点发展金融业、总部经济、科技咨询、现代信息服务业、商务服务、星级酒店等。为了能把现代服务业引进来、发展好，仲恺高新区于2013年出台相关优惠政策，规定对新引进的国内外知名企业总部、地区总部或研发中心、采购中心、销售中心、结算中心等分支机构，经省以上部门认定，如年纳税额达到5000万元或年营业额达到10亿元以上的，一次性给予100万元奖励；年纳税额达到1亿元或年营业额达到20亿元以上的，一次性给予200万元奖励。重赏之下，许多商家、企业总部、销售中心纷纷落户仲恺高新区，如科融大厦、清华同方、T－PARK、天益商城等一批商业综合体相继建成运营，五金、机电、新型材料、灯饰、建材等多个大型产业相继开张，康城四季、恒裕世纪广场等一批房地产项目建成销售，引进中韩（仲恺）创新创业发展基金、星河人工智能产业基金、恺业创投资基金以及科技型风险投资基金等11只基金，总规模超过22亿元。

加强人才队伍建设，支撑经济高质量发展。发展是第一要务，人才是第一资源。实现全面建成小康社会奋斗目标，需要一批又一批德才兼备的有为人才。近年来，惠城区探索专业技术人才柔性引进机制，加快形成人才新优势。依托惠州学院、惠城技校等现有教育资源，有针对性地培养实用型人才，实施“天鹅计划”“海绵计划”“高榜人才计划”，落实人才培育发展政策，加大人才创新激励力度。对引进的高层次人才，在工资待遇、住房待遇、配偶就业、子女就学、在职培训等方面给予支持和一定的补助，使各类高级专业人才安心工作。已有工龄的博士可直接享受事业单位科级待遇，硕士人员享受股级待遇，特别优秀的可享受副科级待遇。截至2017年，全区机关事业单位和大中型企业共有硕士研究生或副高以上职称的高层次人才1000多人，这些人才大多分布在文化教育、卫生医疗、信息通信、金融保险、商务服务、工程技术服务、物流服务等高级生产服务业，有力地促进了惠城区经济社会的发展。仲恺高新区属于高新技术开发区，自成立以来，就提出了要打造人才聚集新高地的发展目标。进入21世纪后，仲恺高新区先后提出“人才强区”“恺旋人才计划”的目标，设立人才专项资金，逐年增加人才专项资金投入，从2011年的300万元增长至2017年的1亿元，6年的时间里，增加了近34倍；累计投入3亿元人才专项资金，100%奖励给企业人才。目前，仲恺高新区内引领产业发展的高端团队有87个，从事科技创新、成果转化的高层次人才约1000人。人才政策体系更加完善，投入力度更强，到园区创新创业的人才最高可获百万元的资助和亿元股权投资。为吸引大学生到仲恺高新区创新创业，还推出“双凤计划”，开展“盼凤还巢”活动，实施“百凤归巢”工程，惠籍优秀大学生到仲恺实习、见习、创业或就业也可享受相应优惠待遇。对于仲恺籍在校优秀大学生将发放“奖学金券”，毕业后回仲恺工作或创业满一定年限，将按“奖学金券”面额等值兑换。

第二节　加快美丽乡村建设

党的十八大指出，建设社会主义新农村是全面建成小康社会的必然要求，是构建社会主义和谐社会的重要内容，是促进“三农”发展的目标所在。5 年来，惠城区（含仲恺高新区）按照“生产发展、生活宽裕、村容整洁、乡风文明、管理民主”的要求，广泛发动群众积极参与新农村建设，真正做到新农村人民共建、建好新农村人民共享的良好局面。

做好整体规划，打造一批美丽乡村试点。惠城区（含仲恺高新区）深知，建设美丽乡村非一日功，要达到中央提出的标准，首先要搞好规划，以点带面，循序渐进，才能积小成为大成。惠城区于 2013 年出台《关于创建社会主义新农村示范村总体实施方案》，该方案按照“高起点规划、高标准建设、高效能管理”的原则，对村镇功能、产业布局、社会发展等进行充分论证和科学规划。根据该方案，惠城区紧紧围绕“代表全市新农村建设最高水平”的定位，咬准“一年打造一批特色示范村，3 年形成连片建设，5 年形成产业特色，用 10 年时间把全区 142 个行政村全部建成高标准的社会主义新农村”的目标任务，按照“抓两头、带中间”“先达标、再提升”的工作思路，一头抓好新农村示范片建设，提档升级，创建示范标杆；另一头抓好特色村创建示范村工作，鼓励“中间村”自主建设，全力把 142 个行政村打造成党组织领导有力、基础设施配套和基本公共服务完善、生态环境良好、农民持续增收、社会和谐稳定、岭南特色鲜明的新农村示范村。到2017年，20个新农村示范点已初具规模，比较出名的有芦洲镇三洲村、墩子场村，横沥镇墨园村、泰安村，马安镇新楼村、龙塘村，水口镇下源村，三栋镇鹿颈村、坝山口村等。这些示范点在建设过程中，充分利用自然生态资源优势，发展特色乡村旅游，带动相关产业发展。示范点初具规模后，惠城区连点成片，大力推进新农村示范片建设。以横沥镇黄沙洞村为核心区，把横沥镇黄沙洞村、墨园村、土桥村、沙岗村和芦洲镇墩子场村等村建设成“水秀绿带，翰墨梅乡”示范片，在水口、马安、三栋、汝湖等地也先后建设3～5个中小型新农村示范片。仲恺高新区于2013年制定《关于社会主义新农村建设实施方案》，提出重点把9个区级相对经济薄弱村打造成党组织领导有力、基础设施配套和基本公共服务完善、生态环境良好、农民持续增收、社会和谐稳定、岭南特色鲜明的新农村示范村，通过示范引领，以点带面，用10年时间把全区38个行政村建成高水平的社会主义新农村。为完成这一目标，各村因地制宜，结合实际，挖掘红色文化、客家文化、文物、特色饮食以及传统古村落等优势资源，发展特色产业，全面提升示范村创建水平。通过培育“一村一品”“一村一业”特色产业等，全方位推进建设工作。如东江高新科技产业园管委会在琥珀村打造的“城市农夫菜园”休闲乡村旅游项目，惠南高新科技产业园管委会在新光村筹建的惠深创客实践教育基地，创新了相对经济薄弱村帮扶举措。截至2017年底，新农村建设典型示范村有陈江街道的社溪村，该村以环境优美、村庄整洁先后获评广东省、惠州市文明村镇；潼湖镇的新光村，该村以自然生态保护良好而成为典范；沥林镇的企岭村，该村因依山傍水、空气清新已成为驴友的青睐之地；陈江街道的幸福村，该村因是廖仲恺的故乡而闻名四方。

以“三清三拆三整治”为抓手，让农村环境亮起来。“三清三拆三整治”即清理村巷道生产工具、建筑材料乱堆乱放；清理房前屋后和村巷道杂草杂物、积存垃圾；清理沟渠池塘溪河淤泥、漂浮物、障碍物；拆除危旧房、废弃猪牛栏及露天厕所；拆除乱搭乱建、违法建筑；拆除非法违规商业广告、招牌等；整治生活垃圾、生活污水、水体污染。惠城区重点整治村庄的脏乱差及垃圾、污水、畜禽污染等，着力推进基础设施“八通四改”（“八通”即通公路、通自来水、通公交、通路灯、通网络、通电视、通电商、通金融；“四改”即改房、改农网、改气、改厕）实现全覆盖。截至 2017 年底，全区 20 户以上的 1092 个自然村基本完成整治任务，全面消除了农村环境脏乱差的局面，整治处理黑臭水体，村庄整治水平进一步提升，村容整洁、环境优美的新农村亮点不断涌现。仲恺高新区各镇（街道）成立了专项工作领导小组，负责统筹协调工作。对所需要的经费进行灵活集资，着重以财政资金为基础，吸引社会投资和村民集资，形成政府主体、社会运作、群众参与的新局面。同时，要求政府部门、业主单位和村民齐心协力、齐抓共管，形成合力，共同发力做好“三清三拆三整治”工作。同时，还开展送苗下乡活动，推进道路、村庄、庭院、水边、山坡等重点区域绿化美化，进一步提高村庄绿化率，鼓励村民开展庭院及房前屋后绿化美化工作。截至 2017 年底，基本完成 9 个区级相对经济薄弱村的雨污分流和暗渠化改造，完成 15 座农村污水处理设施建设任务，村庄保洁覆盖面、农村积存垃圾清理率和农村生活垃圾无害化处理均达到 100%，让全区农村的村容村貌更美、人居环境更好。

对革命老区村加大投入，让旧貌换新颜。惠城区（含仲恺高新区）为加快老区建设步伐，让老区人民过上更加幸福美好的生活，从 2013 年开始进一步加大扶持力度。着重以支持贫困村发展为重点，全面加快老区小康建设进程，对贫困村的“两委”（村党支部、村民委员会）班子进行全面整顿，通过民主选举，把那些愿意为村民服务、公正廉洁、作风正派、有较强能力的人选进村委会班子。2017 年底，53 个革命老区村，共有 28 位外出乡贤（商人）返回村里任书记（主任），他们不仅带回全新的发展理念，也带回了资金与项目，有力地推动了贫困乡村的发展。同时，各镇（街道）为加强贫困村的管理力度，向每个村均选派出驻村干部，协助村委会做好各项工作。对经济薄弱的村，为改善办公条件，由区政府、镇（街道）共同拨付一定的资金，建起面积不少于 100 平方米的办公场所。对集体无收入的老区村，每个村委会每年由区政府补助 10 万元的经费，确保工作正常运转。为丰富群众文化生活，在区委、区政府的大力倡导下，由“上级拨一点、村里筹一点、结对单位支持一点”，筹集到一定的资金，让每一个老区村都建起了文化广场。到 2017 年底，53 个革命老区行政村，村村建有自己单独的办公楼，村村都有固定的工作经费，村村都有文化广场。对老区村的贫困人家，采取多项举措，进行结对帮扶。据统计，惠城区（含仲恺高新区）革命老区村内共有贫困户 349 户，其中惠城区有 258 户、仲恺高新区有 91 户，为帮助贫困户脱贫，各级政府先后开展了不同形式的结对帮扶活动。5 年来，共为贫困户投入帮扶资金近 600 万元，建立起养牛专业户 32 户，每家养肉牛 10 头以上；养鸡专业户 76 户，每家养鸡 100 只以上；养鹅专业户 63 户，每家养鹅 200 只以上；养鱼专业户 37 户。剩余的贫困户均有不同形式的帮扶。截至 2017 年底，349 户贫困户由 2013 年平均每人每年不足 1 万元的收入，增长到 2. 2 万元。在带动老区人民脱贫的同时，还加大对老区村基础设施的投入，先后为横沥、芦洲、潼湖、潼侨的老区村完成安装路灯 1000 余盏，种植绿化树 3 万余株，完善并硬化村小组道路约 90 公里。

第三节 精准扶贫

“精准扶贫”是指针对不同贫困区域环境、不同贫困农户状况，运用科学有效程序对扶贫对象实施精确识别、精确帮扶、精确管理的治贫方式。2016年，惠城区制定出台《惠城区精准扶贫工作责任分工方案》。具体为：产业扶贫工程、社会保障扶贫工程、教育文化扶贫工程、医疗保险和医疗救助扶贫工程、农村危房改造扶贫工程、基础设施建设扶贫工程、劳动力就业转移扶贫工程、人居环境改善扶贫工程。

产业扶贫工程：坚持自我发展与外力帮扶并举，形成专项扶贫、行业扶贫、社会扶贫有机结合、互为补充的“三位一体”大扶贫格局。先后建立了水口街道帮扶横沥镇、小金口街道帮扶芦洲镇的精准扶贫模式，着重在人力、物力、财力上进行大力支持。组织民营企业，结合农村实际情况，开展“万企帮万村”精准扶贫行动。到2017年底，有37家民营企业与17个村（小组）结成对子，在农业生产、水产养殖、花卉栽培等方面进行产业帮扶。

社会保障扶贫工程：每新新增财力的80%，用于民生事业和社会保障方面。仅2017年财政民生支出达50.45亿元，占公共预算总支出的83.1%。组织社会团体在六一儿童节、寒暑假、新春佳节期间，对农村留守儿童开展关爱活动。对城乡低保、五保供养、城镇“三无”［无劳动能力、无收入来源、无法定赡养（抚养、扶养）人］人员，逐年提高生活保障标准，仅2017年，对以上人员发放救助资金近千万元。

教育文化扶贫工程：充分利用各级学校，对农村富余劳动力进行技能培训，开设农机修理、种养加工技巧、水产养殖、果木花卉培训等课程，受益农民达2000多人。充分发挥各民主党派、无党派人士在人才和智力扶贫上的优势和作用，共有8个民主党派联系革命老区村12个，出资出力帮扶革命老区发展。由区文明局组织200多名志愿者，深入贫困农村调研，成为老区发展的“智囊团”和“小助手”。为解决农村上学问题，每年财政对教育的投入约18亿元。2013—2017年新建学校16所，到2017年底，全区共有中小学144所，义务教育阶段入学率达100%。

医疗保险和医疗救助扶贫工程：近年来，健全完善了城乡居民基本医疗保险、大病保险、医疗救助“三重医疗保障”体系，增强了广大群众抵御疾病的经济能力。在医保支付方式上进一步改进，强化层级管理监督，从源头上防止过度医疗。同时，积极构建多层次公共医疗卫生服务体系，实现了村村有卫生室、镇（街道）有卫生院，镇（街道）卫生院与市区医院“双向转诊”，基本达到“小病不出镇，大病不出市区”的目标。大力推进城镇医生上门服务，全区家庭医生签约覆盖率达40.6%。全区基本实现“两不愁、三保障、一相当”目标，即稳定实现农村相对贫困人口不愁吃、不愁穿，义务教育、基本医疗和住房安全有保障，基本公共服务主要领域指标相当于全省平均水平。

农村危房改造扶贫工程：对需要改造的农村危房进行登记造册，新房建成后必须及时拆除旧房，坚决防止建新不拆旧、建新仍住旧等现象。5年来，共投入8000多万元，对农村130多户人家的危房进行了改造。

基础设施建设扶贫工程：5年来，共投入1.6亿元，对横沥、芦洲、马安、三栋等部分农村的基础设施进行修整完善，共拓宽村道达11公里，清理渠道20多公里，修理排灌站22个，贫困村的基础设施、生活生产条件基本完善。

劳动力就业转移扶贫工程：劳动部门经常与企业沟通联系，每年新增城镇就业人口约1万人，城镇登记失业率控制在2.42%。

人居环境改善扶贫工程：突出抓好水、大气和土壤污染防治，深入推进全区34条河涌和城市黑臭水体整治。制定农村人居生态环境综合整治实施方案，推进生态文明建设示范区创建，新建农村生活污水处理设施64座、农村污水管网100公里，实现行政村及东江、西枝江沿岸自然村生活污水处理设施全覆盖。开展新一轮“绿化惠城”大行动，建成森林类型自然保护区4个、森林村庄23个，森林覆盖率达42.5%。仲恺高新区精准扶贫着重在“一村一策、一户一策”上下功夫。对于贫困村，大力开展企业挂钩帮扶工作，促进村集体经济发展；对于贫困户，则组织实施人员看家庭定计策进行帮扶。到2016年底，789户1756名无劳动能力的相对贫困人口实现脱贫；到2017年底，65户247名有劳动能力的相对贫困人口实现脱贫，9个相对经济薄弱村集体收入均达到了20万元以上。

第四节 老区镇（街道）的变化

水口街道

水口街道地处惠州市区东面，总面积120平方公里，下辖17个村和4个社区，总人口约16万人。2017年，水口完成地区生产总值65.9亿元，同比增长7.2%；完成规模以上工业总产值131.8亿元，第三产业增加值完成25.7亿元，固定资产投资完成34.8亿元，农业产值完成4亿元，农民人均纯收入14755元。

水口街道在抗日战争时期，是东江纵队重要的活动区域，为革命作过重大贡献。水口街道因有超过半数的村是革命老区村而被评为革命老区村（街道），这里的人民群众在中国共产党的领导下，有一半的人口进行了反帝反封建及反“围剿”斗争。他们或参军或参加农会，积极支援革命工作。中华人民共和国成立后，水口街道辖下的万年、蓬陵等14个村被评为革命老区村。

水口街道一角

1978年改革开放以来，水口街道抓住机遇，实现了社会经济和各项事业大发展。昔日的水口“三日没雨田龟裂，三天大雨水汪洋”，今日的水口，处处高楼林立，畅通的水泥路纵横交错，水口人民正以自立、自信、自强的精神风貌，朝着“建设市区东部新城，幸福和谐水口”的总体目标奋勇前进。水口能取得今天的成绩，着重做好以下几个方面的工作：

大力发展生态农业。发展“一村一品”农业和生态农业，实现传统农业向现代产业化转变，逐渐建成“蔬菜基地”“优质稻谷基地”“园艺花卉基地”三大特色农业产业基地。其中，蔬菜基地面积达5058亩，优质稻谷基地面积3000亩，园艺花卉基地共5000多亩。

大力发展现代产业。将水口街道划分为四大功能板块：西南板块的行政中心以“多元发展”为理念；西北板块的水口民营工业园以“聚集发展”为理念；东北板块的东兴工业园区毗邻惠州市东江高新科技开发区，以“借市发展”为理念；北部沿江和东南部板块以“生态发展”为理念，辐射带动整个水口17个村的经济发展。确定发展板块后，大力开展招商工作。重点引进酒店、商贸城、高档住宅区、高级商务区、名牌学校、医院等项目。经过多年的努力，已取得了明显成效，雷克萨斯4S店、皇冠假日五星级酒店、四大银行等一批金融机构陆续入驻；光辉家居建材批发市场及珠光御景湾、合生国际新城、世纪东方城、江南御都、天地源、宝安山水龙城、海伦堡等一批大型高端住宅小区等项目相继落户。此外，还聚集了南旋、澳宝、宏凯、天祥、比奥德等400多家企业，

水口街道东江边休闲景区

有力地提升了水口的整体实力和发展档次。

大力发展农村集体经济。利用征地补偿款建设农民厂房，全街道已建成农村厂房100多家，总面积约20万平方米，大大增加了农民收入。鼓励各村采取群众出资、集体出地、统一建设的办法，利用集体留用地兴建商铺、农贸市场等，大力发展农村商贸业，如龙津村龙湖综合市场就是旧厂房整合而成的，总投资2000万元，占地面积3.3万平方米，租金每月收入达3000元。鼓励各村利用现有的集体经济为村民购买合作医疗、养老保险，对村民子弟考上大学的给予助学奖励，让村民生活水平实现大跨越。

马安镇

马安镇位于惠城区东部、西枝江之滨，总面积76平方公里，下辖13个村和2个社区，常住人口约6万人。2017年，完成地区生产总值22.37亿元，农业总产值3.4亿元，规模以上工业总产值36.4亿元，第三产业增加值8.14亿元，固定资产投资12.08亿元。近年来，马安镇先后荣获“全国发展改革试点城镇”“广东省教育强镇”“广东省宜居示范城镇”“惠州市文明镇”等称号。

马安镇的新楼村、龙塘村、下良村、黄严村是革命老区村。在大革命时期，马安镇在中国共产党的领导下，建立了群众组织，对敌开展过秘密斗争；在第二次国内革命战争期间，发动群众打土豪、分田

马安镇新楼村文化广场

地、分粮食、分牲畜，以及开展减租减息运动。

马安水产养殖基地

马安镇素有惠州市区“东大门”之誉，是惠州有名的教育大镇。辖区现有惠阳高级中学、惠州综合高级中学、惠州经济职业技术学院、惠州市东江职业技术学校等多所大中专院校，学生足不出镇就可从幼儿园读到大学。

在工业发展上，马安镇已初步形成了新能源、新材料、电子信息、装备制造等主导产业。在文化旅游资源上，马安镇是惠州市忠孝文化的重要传承地之一，辖区内的龙塘村就是文天祥、文天球后裔居住地。近年来，马安镇正以落户在辖区的惠城区国家级现代农业示范区（核心区）农业观光游览为核心，以周边的新楼廉政文化、龙塘忠孝文化、柏田家风文化、河洞水库佛文化博览园为抓手，积极打造惠州东部文农旅型特色小镇。

芦洲镇

芦洲镇位于惠城区最北部，总面积 160 平方公里，下辖 19 个村委会和 2 个居委会，人口总数约 2. 7 万人。2017 年，完成地区生产总值 47091 万元，同比增长 5. 8%；固定资产投资完成 15569 万元，同比增长 121%。

芦洲镇的三洲村、岚派村、富星村、上青村、横岭村、东胜村和群建村是革命老区村。1925 年，这里曾成立农会。在中国共产党的领导下，农会组织农民成立自卫军，为维护群众利益而斗争。抗日战争时期，这里是东江纵队活动范围，广大群众为掩护革命战士作出了巨大牺牲。在富星村，还建有革命烈士纪念碑，以纪念在此与国民党军作战牺牲的战士。

秋香江竹海

芦洲镇三面环绕东江，风景秀丽，秋香江两岸竹林迷人，美丽的自然风光是城市居民休闲、观光、养生的首选之地。近年来，芦洲镇委、镇政府适时提出了“发展农业生态游，打造城市后花园”的长远发展战略。

芦洲镇自然资源丰富，共有23万亩山地、1万亩农耕地、1万亩河滩地、1个中型水库、300亩新规划的工业园区。党的十八大以后，芦洲镇重点发展现代农业、休闲旅游、大健康三大产业，持续推进农业产业转型升级。通过“村委＋合作社＋行业协会”“合作社＋农户＋公司”模式，先后打造了芦村铁皮石斛、青塘村绿色蔬菜、大兴村生态李子园、岚石村紫薯等特色经济作物。同时，抓好美丽乡村建设，先后完成了13.987公里村道硬底化工程、观岚大桥桥头绿化美化工程，大力推进2公里旧街改造道路整治工程、15座村级污水处理设施建设，城乡面貌、人居环境有了较大提升。

正在建设的芦洲镇大街

横沥镇

横沥镇位于惠城区

东北部，总面积343平方公里，下辖40个村和3个社区，总人口7.56万人，是惠城区面积最大、农业人口最多的镇。2017年，实现地区生产总值143128万元，全镇财政收入1.63亿元，农业产值68436万元，工业产值17903万元，第三产业产值56789万元。

横沥镇人民政府

横沥镇的泰安村、观音山村、横星村、小岚村、大岚村、建安村、岚建村、岚联村、崒洞村、欧陂村在土地革命时期属海陆丰根据地、东江革命根据地，抗战时期属东江抗日根据地，解放战争时期属粤赣湘边游击根据地。这里曾成立抗日自卫队，配合东江纵队打击日本侵略者；这里曾是革命队伍的后勤保障供给地，很多战斗都在这里打响；这里的人民群众有着光荣的革命斗争传统，很多农家子弟纷纷参加了革命，保家卫国，不惧牺牲。现今，横沥镇建有革命烈士纪念碑，以此纪念这些为祖国作出贡献的战士。

近年来，横沥镇发展环境日趋完善。省道120线和县道208线、203线和东江贯穿其中，形成南北交错、东西贯通的立体交通网络。镇内有占地5平方公里的工业园区，入驻企业159

横沥镇文化广场

家，初步形成一个以农产品加工、皮具、建材等产业为主的工业格局。

横沥镇有长达17公里的江岸沙滩、75平方公里的生态林区，有集疗养、休闲于一体的黄沙洞温泉及风景秀丽的鹅塘洲岛、招元水库、斜坑水库等旅游资源。目前，已成功开发了黄沙洞温泉旅游项目，引进宝利来生态农业大观园、缘源泉生态庄园、海纳粮油、深圳又一居阿尔卑斯汽车营地等生态休闲旅游项目。

横沥镇有众多蔬菜水果种植基地，盛产梅菜、茄子、慈姑及粮、油、花生等特色农产品。其中梅菜和茄子种植是横沥镇两大主要农业特色产业。作为梅菜的原产地和主产区，先后获得“中国梅菜之乡”称号、“无公害农产品”认证、“无公害农产品产地”认证，并被授予“梅菜专业镇”称号。茄子种植获农业部（今农业农村部）“无公害农产品”认证和广东省农业厅（今省农业农村厅）“无公害农产品产地”认证。

横沥镇有保存完好的将军楼、文笔塔、云水庵、墨园古屋、客家围屋、客家楼阁等历史文物，每年都要举办闹元宵等传统文化活动，全方位立体宣传横沥镇的人文景观，塑造积极向上的全新形象。

小金口街道

小金口街道地处惠州市区北郊，被誉为“天子金口”，总面积66.7平方公里，下辖7个行政村和2个社区，有户籍人口3万人和流动人口8万人。2017年，实现地区生产总值629651万元，完成规模以上工业总产值983010万元，实现工商税收14597万元。

小金口的九龙村、小铁村是革命老区村，这两个村是中华人民共和国成立后，因兴建水利工程从河源移民过来的村庄。小金口街道之所以被评为“革命老区镇（街道）”，是因为在土地革命战争、抗日战争和解放战争时期，这里的人民群众拥护党的武装力量，为革命队伍提供过各种帮助，并积极开展武装斗争，为革命胜利作出了巨大贡献。

小金口街道一角

小金口街道素有“惠州北大门”之称。惠州火车站、莞惠城际轨道交通总站设在此地，惠博沿江大道、惠州大道、金龙大道、广汕公路等多条市政大道贯穿全境，形成了四通八达的交通网络。小金口街道以其独特的魅力和区位优势，成为中外客商“投资环境最优、投资成本最低、投资回报率最高”的理想之地。辖区拥有来自日本、韩国、美国等国家及我国香港、台湾地区等外资或境外企业400多家，其中世界500强企业两家，初步形成了以汽车配件、电子通信、电器灯饰、纺织制衣、塑胶制品、办公自动化设备等具有一定规模和基础的产业体系，具备承接珠三角地区产业转移的良好基础。

在经济实现又好又快发展的同时，小金口街道社会事业也取得优异的成绩，先后获得“全国社会治安综合治理先进单位”“全国群众体育先进单位”“全国乡镇投资环境100强”“广东省可持续发展实验区”“广东省教育强镇”等荣誉称号。探索推行的农村党员联系村务工作责任制，被誉为“小金口经验”，并作为全省乃至全国党建工作的一面旗帜得到推广。

三栋镇

三栋镇地处惠州市南部，是中国农工民主党创始人邓演达的故乡。全镇总面积67.8平方公里，下辖10个村委会和1个居委会，户籍总户数4883户，常住人口33742人。曾获得“国家卫生镇”称号。2017年，完成地区生产总值22.6亿元，规模以上工业总产值45.2亿元。

三栋镇商贸广场

三栋镇的陶前村、坝山口村、上洞村是革命老区村。三栋镇有着光荣的革命斗争传统，是著名的东江抗日革命根据地之一。广东人民抗日游击队东江纵队司令员曾生曾在这里发动群众参加革命。据不完全统计，抗日战争期间，三栋镇籍的青年就有32人参加了东江纵队。

三栋镇地理位置得天独厚，交通便利。惠淡公路、深汕高速、惠大高速在镇内贯穿而过，构成了四通八达的交通网络。近年来，

三栋镇工业区一角

三栋镇走“工业立镇”的发展道路，镇内已建成4个工业园区，占地200多万平方米，引进企业100多家，以生产五金、化工、电子、玻璃、灯饰、塑胶等产品为主。在发展生态农业上，三栋镇

已办成国家“星火计划”农业项目——演达“三高”农业示范基地。三栋特产三黄鸡，年饲养量达千万只，已成为农民主要经济收入之一。

陈江街道

陈江街道位于惠州市西南部，是著名民主革命先驱廖仲恺的故乡。总面积 83 平方公里，下辖 11 个村和 4 个社区，有 153 个村民小组，总人口约 20 万人。2017 年，全街道实现地区生产总值 294 亿元，规模以上工业总产值 1514 亿元，税收总收入 33.96 亿元。

陈江街道是深莞惠重要交通枢纽。近年来，先后有莞惠轻轨、潮莞高速、惠河高速、惠盐高速等核心交通在此地交会，新建了陈江大道、五一大道、新华大道、观田路、中京路、东星路等镇域主要交通要道，升级改造了四环路南段、惠新大道等市区主要交通干道，正在建设河惠莞高速、赣深高铁等重点交通枢纽，陈江立体化大交通格局已初步形成。

陈江街道高档住宅区

陈江街道是革命老区街道，所辖的青春村、东升村、幸福村和陈江村，均为革命老区村。1926 年，在中国共产党领导下，陈江甲子圩率先成立了农会，主要工作就是发动群众，打倒土豪劣绅，保护农民利益。1933 年，共产党员黄卓如（镇隆镇高田村人，1922 年入党）和黄亚泉、罗义周等人领导的游击队，在陈江一带进行革命活动。

通过宣传革命道理，讲解党的方针和主张，共发动70多名青年男女参加了游击队。抗日战争全面爆发后，这支游击队经常在东莞的桥头、西枝江边的马安以及高榜山、象头山一带袭击敌军，在一定程度上保护了农民的财产和生命安全。1943年，活动在陈江的这支游击队总人数已有近100人，划归东江纵队第二支队领导。1944年4月，东江纵队第二支队在水贝村、梧村一带，与企图进入东阁老圩村“围剿”消灭游击队的日军，进行了一次激烈的战斗。这次战斗共有8名游击队员壮烈牺牲。

抗日战争胜利后，为反抗国民党的反动统治，陈江片区的地下党员经常为粤赣湘边纵队提供药品、粮食等给养，有力地支援了解放战争。1948年初，在中国共产党的领导下，陈江幸福村境内成立了三维乡武工队，廖志光任队长（幸福管理区下径村人），杨松任文书（观田管理区连塘村人），队员22名。三维乡武工队的主要活动范围是现潼湖镇、陈江街道和潼侨镇等地。

1948年秋，三维乡武工队联合欣乐乡武工队在梧村炸毁梧村桥，阻止国民党部队行进，并与附近的镇隆武工队携手并肩，在东莞黎村与国民党军作战，歼灭国民党反动派数十名。一时间，武工队的英名威震东江。

陈江街道作为革命老区街道，在各级各部门的帮助下，不断开拓创新，与时俱进，现今这个昔日名不见经传的地方已发生了翻天覆地的变化。农业上，着重朝着高产、高质、高效的“三高”型农业前进，并发展出口农副产品，2017年农村人均年收入约2.2万

陈江街道一角

元。工业上，不断优化基础设施，大力开展招商引资工作，全街道共引进外资企业达300多家。在科技创新上，累计拥有创新载体共15家，仅2017年专利申请量就达1435件。在关注民生上，先后实施了惠民教育工程，仅2017年就新增学位1200个，全面落实13项国家基本公共卫生服务项目，村级卫生室建设达到100%。

潼湖镇

潼湖镇位于仲恺高新区西北部，总面积112.5平方公里，下辖11个村和1个社区，常住人口约3.4万人。2017年，潼湖镇实现地区生产总值6.06亿元，税收总收入7094万元，经济发展态势稳中向好。

辖区内有东江、潼湖湿地、观洞水库、花果山等充满特色的自然景观，以及赤岗古村、黄屋古村、敦伦书室、南嵩书室等文化底蕴深厚的人文资源。

潼湖镇是革命老区镇。在土地革命战争时期，中共惠（阳）紫（金）河（源）博（罗）地方委员会在潼湖的四大半围（今属镇隆镇）成立，简称“惠州地委”，蓝璇均任书记。群众积极响应惠州地委的号召，很多人为反抗剥削压迫，都参加了暴动，革命的火种也由此在潼湖扎下根基。潼湖镇现有岗里村、新光村、三和村、五村村和玳瑁村5个老区村。原属潼湖镇的老区村只有一个，即五村的西湖小组。20世纪七八十年代，因要修建白盆珠水

潼湖镇人民政府

库、枫树坝水库，其他的革命老区村小组分别从惠东县新庵镇、河源市龙川县搬迁过来，在这里安家落户。

潼湖镇委、镇政府始终坚持以民为本，致力改善民生。近年来，相继投入近1亿元，完成了百余项民生工程建设。潼湖水厂建成通水，22座农村生活污水处理设施建成运营，1500多盏LED太阳能路灯投入使用，全镇农村标准化卫生站实现全覆盖，先后建起三和小学、第五小学、永平小学、银垅小学等，潼湖中学顺利通过广东省义务教育标准化学校复评验收，并获得“惠州市绿色学校”等多项称号。

在精准扶贫工作方面，对有劳动能力的55户相对贫困户实行点对点帮扶；对无劳动能力的264户共587人采取“1+1+1”模式进行联系帮扶，并纳入低保范围，实现兜底脱贫。同时，加强社会保障力度，仅2017年就受理医保增减员373人次，发放医疗保障卡1267张，城乡居民社会养老保险的缴费人数达6967人。强力推进城乡低保和就业工作，全年对全镇低保户对象178户共512人发放低保金300多万元；城镇登记失业率稳定控制在2.4%以内，动态消除农民零就业家庭。

潼侨镇

潼侨镇位于惠州西南部，总面积31.1平方公里，下辖3个村和5个社区，总人口近4万人，其中归侨4000多人。2017年，实现地区生产总值20亿元，规模以上工业总产值64.6亿元，税收总收入3.02亿元。先后荣获“全国侨办系统信访工作示范单位”“广东省和谐侨区建设先进单位”等多项国家级、省级荣誉。

1927年，中共惠州地委在潼湖镇成立，提出要进行革命暴动和创建革命根据地。与潼湖地界相连的潼侨民众得知消息后，纷纷响应，很多民众加入了革命队伍。潼侨从此有了中国共产党的组织，归属惠阳县委领导，并成立了革命根据地。1934 年秋，国民党反动派和地主武装对潼侨的党组织进行打压，抓捕了一些共产党员。在此情况下，潼侨镇只好停止组织生活，党员们分散隐蔽起来，暗中对敌斗争。抗日战争时期，潼侨地方党组织归属中共东江前方特别委员会领导。为加强地方党组织与部队的联系，潼侨地方党组织发动青年参军参战，支援抗日；同时，实行减租减息，建立抗日民主政权。据不完全统计，仅抗战期间，潼侨参加抗日部队的青年就有 10 多人，有的参加了八路军，有的参加了新四军，还有的参加了国民党军队（当时是国共合作抗日时期）。中华人民共和国成立后，鉴于潼侨为中国革命所作的贡献，被评为革命老区镇。

潼侨镇人民政府

近年来，潼侨镇围绕建设“产业新城、城市新区”这个目标，全力推进潼湖生态智慧区、TCL 集团模组整机一体化、思科科学城等一批省、市、区项目的建设，建成了孵化面积 3 万平方米的协昌科技孵化器，在孵企业 10 家；建成了德帮、达鑫等加速器 3 家，加速

潼侨镇文化广场

空间为 2. 6 万平方米。

在经济保持平稳健康发展的同时，潼侨镇坚持将 75% 以上的新增财力用于民生建设。仅 2017 年，累计投入 1 亿多元，实施侨房改造、道路建设、教育卫生、生态环保等 10 项惠民工程。全镇 8 个村（居）100% 建有村级公园和公共服务站，100% 建有村级卫生站，全年累计发放五保户、低保户等各类保障救助和慰问金 80 多万元，发放困难归侨救助、待业补助等资金共 210 多万元。

沥林镇

沥林镇大街

沥林镇位于仲恺高新区西南部，总面积 48. 29 平方公里，下辖 10 个村委会和 1 个居委会，总人口 7 万余人。2017 年，全镇实现地区生产总值 20 亿元，完成规模以上工业产值 56. 5 亿元，税收总收入达 27119 万元。沥林镇自然资源丰富，坐拥林业 30617 亩，辖有石鼓水库、黄皮岭水库和沥林（市级）森林公园，风景怡人。近年来，先后获得“广东省经济强镇”“广东省科技创新专业镇（运动器材）”“广东省教育强镇”“惠州市文明村镇”“惠州市军民共建社会主义精神文明先进单位”等荣誉称号。

沥林镇是革命老区镇，下辖的企岭村、君子营村、泮沥村 3 个村为革命老区村。从土地革命时期起，沥林镇就是中共地下党和东江纵队的活动基地。这里的人民群众坚持对敌斗争，曾遭受敌人的严重摧残。在抗日战争时期，掩护共产党员进行革命斗争，并为东江纵队供应过大量的物资，很多年轻人加入了革命军队。比较典型的代表人物有企岭村的张金才，东江纵队排长；罗村的莫德祥，东江纵队战士；埔心村的邓积权，东江纵队战士。在解放战争时期，

沥林镇交通干线

涌现出来的代表人物有君子营村的张权根，惠东宝人民护乡团武工队队长；泮沥村的刘繁庄（也叫刘繁林），江南一支队战士；沥林村的张文彬，惠东宝人民护乡团战士。据不完全统计，从土地革命到中华人民共和国成立，沥林镇参加革命队伍的人数有70多人，仅《惠州革命老区志》留下来的烈士名单中沥林籍战士就有28人。

近年来，沥林镇经济社会发展迎来前所未有的蓬勃发展景象。先后引进了旭硝子显示玻璃（惠州）有限公司、碧桂园科技小镇、思科大数据中心、自行车产业园等重点项目，工业集聚效应初显。沥林镇充分利用现有自然资源，积极打造绿色化现代美丽沥林，扎实推进沥林（市级）森林公园、英光村松岭（镇级）森林公园和11个村（居）的村级公园建设。在为民服务上，通过“村村通”“村村亮”等便民工程，完成辖区50公里的村道硬底化建设任务，安装1000余盏路灯，进一步提升村民出行安全指数。

第五节 老区村的变化

横沥镇

泰安村

泰安村是农业大村，面积有 18 平方公里，辖 22 个村民小组，总人口 4800 多人，耕地面积 6000 多亩，山林面积 18 万亩，水塘面积 500 亩，旱地 2000 亩，村集体年收入约 30 万元。泰安村先后荣获“惠州市生态示范村”“惠州市社会主义新农村建设试点村”“广东省第一批宜居示范村庄”等称号。

泰安村小学

泰安村群山绵延，方便隐蔽，故在抗日战争、解放战争期间，都是东江纵队、粤赣湘边纵队开展革命活动的好地方。1943 年，东江纵队曾跟日军在横沥老圩镇打过一仗。这一仗，有 30 多名游击队员负了伤，都被安排在泰安村招元小组（今招元水库）养伤治疗。这里的民众视游击队员为亲人，严守秘密，精心护理伤员，尽力使革命战士早日归队，泰安村村民为革命事业作出了应有的贡献。

近年来，在各级政府和各部门的大力支持下，泰安村不断完善水利设施，实现自流化灌溉，确保了农业农村用水；硬化13公里的水泥路，修通水泥路至每个村小组，行路难问题得到有效解决；实行村企共建，与深圳报业集团合作，引进资金100多万元，建立起梅菜加工基地，解决了2350亩的梅菜销路问题；投资100多万元，从招元水库引进生活用水，确保了村民饮水安全；投资80多万元，建成6个总容积为1800立方米的大型沼气池，免费供气给周边4个村民小组164户使用；投资近20万元，新建一所卫生站，增加配套医疗设备，实现村民看病“小病不出村”，较好地解决了看病难问题；投入400万元，建成一个占地4500平方米的文化广场，丰富了村民文化生活。

泰安村公园

横星村

横星村位于东江河畔，面积有10平方公里，户籍人口2302人，耕地面积2580亩，山林面积1320亩，水塘面积120亩。

1937年10月，日军攻占淡水。根据地下党的指示，为抗日救亡，惠州地区进步青年迅速武装起来。横星村的刘眉古、刘绍光、刘瑞由、刘汉光等人就是在这个时期加入革命队伍，成为抗日游击队的一员。他们当中，年纪小的负责为游击队传送情报，年龄大的就扛起枪来，跟随部队打游击。当时带领他们的队长叫

横星村村委会办公室

高固（曾担任解放军江南支队四团团长等职，新中国成立后担任惠东县第一任县委书记），在青梅岭曾与日军打过一仗。现在村里还保存有当年为革命队伍养伤员、送情报、当联络点的老房子。

横星村村民以种植水稻、慈姑为主要收入来源，其中慈姑为该村特色农产品。2013 年，村里请来技术人员，帮 17 户贫困户种植慈姑，每户贫困户当年增收 1 万元以上，基本实现脱贫。在发展集体经济方面，村委会把上级帮扶的资金投资到市郊的小金口市场，在那里建档口进行租赁，每年可获得 5 万元的收益。再加上区财政每年拨付的 5 万元办公经费，村集体每年有 10 多万元的收入。

在脱贫攻坚战中，横星村十分重视群众生活条件的改善，在驻村工作队以及有关部门的大力支持下，投入 60 万元铺设自来水管网，让村民都喝上了自来水。还建起占地面积 1500 平方米的文体广场和农家书屋等。进入 21 世纪，横星村还对 35 户贫困户的危房进行了改造和维修。

横星村文体广场一角

观音山村

观音山村位于横沥镇东北方，紧依风景秀丽的招元水库，背靠海拔500多米的观音山，前有小河，先汇入大岚河，再流进东江。

观音山村面积15平方公里，户籍人口745人，以水稻种植为主要收入，耕地面积850亩，山林面积13798.7亩。

村内的古建筑

观音山村在第二次国内革命战争和抗日战争时期，是苏维埃政府的活动区域，也是抗日的后勤供给基地。这里的村民在中国共产党的领导下，收留照顾受伤、病残的革命战士，为革命队伍提供蔗糖、粮食和食盐等物资保障，许多青年还参加了游击队。观音山村有丰富的旅游资源，最出名的是“石头寨子”。据说，在明朝年间，廖氏先人误入观音山，见此风景优美，便留驻此地，用巨石垒屋居住，慢慢地便形成了石头寨子，占地面积有2万多平方米。

石头砌成的围墙

到清末年间，廖氏祖公下南洋做工，家里只留下老婆和5个儿子。这5个儿子勤劳肯干，其中有2个也外出谋生，赚得大钱，回乡置地建房，成为周边首屈一指的大户。寨子里的“五福堂”，就是寓意这5个儿子团结和睦，万事如意。

廖氏的财富让当地土匪眼红，他们勾结军阀，派出近一个连的士兵前来攻抢。危难间，廖氏祖婆挺身而出，一边加固修筑石头寨子，一边指挥村民与土匪战斗。最终，他们成功击退抢掠者。近年来，观音山村的原生态自然景观，吸引了一批批探幽访古的游客。

小岚村

小岚村面积3.5平方公里，有5个村民小组，182户人家。耕地面积1060亩，山林面积12739.5亩，水塘面积55亩。

红蜜柚种植基地

该村村民钟召麟、刘继传、曾志忠等，曾是东江纵队的游击队员。1940年，根据中共中央关于坚持在敌后开展独立自主的游击战、建立抗日根据地的基本方针，此地的游击队被改编为广东人民抗日游击队第三、第五大队。整编后，两个大队为壮大武装力量，迅速在东江两岸吸收进步青年，小岚村的村民

小岚村公共服 务站

就是在这个时候加入游击队的。他们在抗日战争和解放战争中表现出色，不怕牺牲，为惠州地区的解放贡献了应有的力量。

近年来，小岚村因势利导，在村干部带领下，大力发展特色产业。2013 年，经村干部多方考察，发现该村非常适合种植早熟蜜柚。于是，村干部带头试种了一些。三年后，第一批蜜柚顺利挂果，且提前到中秋成熟，比其他地方早上市了三个月，受到客户青睐。1 亩蜜柚可收入 6000 元，比种其他水果的效益要高出两三倍。村干部试种成功后，带领村民一起种。目前，小岚村蜜柚种植面积 300 亩左右，年产量达 20 万斤，成为村民增收致富的好门路。

大岚村

大岚村面积 11 平方公里，下辖 12 个村民小组，户籍人口 1148 人，耕地面积 130 亩，山林面积 10161 亩。村集体有一个粮油加工厂，每年收入 2 万多元。

当年东江纵队曾在这一带打过日军和国民党军队，这里的民众为东江纵队、粤赣湘边纵队提供了各种各样的支持。据了解，1940 年，大岚村群众为掩护游击队撤退，曾遭到日、伪军的杀害，整条村子基本被抢光、烧光。

大岚村村委会办公地点

大岚村是惠城区的经济薄弱村，为发展特色农业，在精准扶贫挂钩单位资助下，投入 30 万元建起蜜柚场，每年为村集体带来 5 万元的收入。有了蜜柚场这个销售平台，村民们种植水果的积极性高涨，截至2017年，已种植蜜柚100亩、柑橘100亩、香蕉100亩，村民的收入明显增多。

2015年10月，惠城区国税局、横沥镇政府和大岚村三级筹资合力共建了大岚村文化室。2016年，大岚村开始筹建村民文化广场。经过一年的努力，占地1000平方米，建有凉亭、种有绿树和安装有健身器材的文化广场终于建成，让村民有了更丰富的休闲娱乐活动。

大岚村文化室

建安村

建安村面积13平方公里，下辖19个村民小组，户籍人口2359人，耕地面积2100亩，山林面积15124.1亩，水塘面积200亩。

建安村村委会办公楼

建安村小学

建安村曾是东江纵队活动之地，村民曾福、曾炳兴等人，就是在这里参加了游击队。建安村内有一座洪圣宫，里面奉供的是南海洪圣大王（专管天气的神），在解放战争期间，粤赣湘边纵队下辖的几支分队，曾在洪圣宫开过几天会议。这里的群众严守秘密，为部队站岗放哨、提供食宿，保障了会议的顺利进行。

2004 年，为了营造一个良好的办公环境，村里开始修建办公楼。当年办公楼落成，占地面积 350 平方米，极大方便了群众办事和村干部办公。2015—2017 年，在各级各部门的支持下，村委会共筹集资金 50 多万元，完成了 6 公里村小组道路硬底化，修整“三面光”渠道 11 公里，确保了农业用水需要。

岚建村

岚建村村委会办公楼

岚建村位于横沥镇大岚河下游，毗邻黄沙洞温泉区。全村面积 10 平方公里，下辖 5 个村民小组，户籍人口 464 人，耕地面积 1200 亩，山林面积 2 万亩，主要是以黄竹居多。

在解放战争期间，粤赣湘边纵队有一支分队在高潭与国民党军激战。因为寡不敌众，撤到了岚建村。在这里，经过激战的战士们在村民们的保护下，足足休整了半个月。这半个月内，吃住和治疗都在村民家中，村民们为部队站岗放哨，传送情报，躲过了国民党军的搜捕。

流经岚建村的大岚河长度有 3 公里，河道两旁翠竹连绵，是

岚建村的竹林

开发旅游漂流的好地方。

近年来，在村委会的带领下，全村人民大力开发黄竹产业，既卖竹产品，又搞乡村旅游，吸引了很多游客到此休闲观光。

峯洞村

峯洞村小学

峯洞村面积 29 平方公里，户籍人口 541 人，耕地面积 540 亩，山林面积 32883.5 亩。

峯洞村地处横沥镇东北部，在抗日战争时期，村民曾汉强就曾任东江纵队下属一个小分队的副队长。在他的带动下，村里有 7 个年轻人加入游击队。中华人民共和国成立后，曾汉强当过横沥地区的乡长。还有一位革命烈士叫曾求记，峯洞鸡公田村人，1947 年 10 参加游击队，1948 年在惠紫保卫战中壮烈牺牲。新中国成立后，其遗骸被安葬在惠阳市横沥地区革命烈士纪念碑下。

峯洞村位于群山之中，交通非常不便。在 20 世纪 90 年代，每到过年时，为方便外出乡贤回村，村“两委”班子的 5 名村干部，便买来砂石，自己动手，把村道上的坑洼全部填平，这样一干就是两三年。近年来，为彻底解决村道硬底化问题，村干部借助发展新农村的优势，引进企业到村里投资，发展“三高”特色

曾求记烈士证明书

农业。企业进来后，自带资金把全村总长近6公里的村道全部进行了硬底化建设。

为解决村民小孩读书问题，1995年，村里决定将村委会办公楼卖掉，所卖的钱用来修整学校。这一举措，深受村民欢迎。因为自新中国成立后，村里的学校共有两处，相距有6公里远，其中一所学校只有一个年级，另一所学校有两个年级，村里孩子要想上学，需常常在山路上奔波。修整后，将两所“麻雀学校”进行合并，把老师统一到一起教学，教学质量得到明显提高。

岚联村

岚联村面积10.7平方公里，250户人家，户籍人口1400多人，耕地面积1100亩，山林面积9812.2亩，水塘面积60亩。

岚联村村委会办公楼

岚联村村民练松和、罗木、钟金友曾为东江纵队游击队员。1946年在东江纵队主力北撤后，他们留下来继续抗击国民党反动派。这时队伍的名称已改为粤赣湘边纵队。在横沥地区，很多东江纵队的

正在耕地的村民

战士在抗日战争结束后，大都转成粤赣湘边纵队战士，他们为新中国的解放事业作出了重要贡献。

近年来，在村干部的带领下，岚联村修路修渠，大力发展绿色无公害农业，农民收入稳步增长。

欧陂村

欧陂村面积15平方公里，户籍人口2073人，耕地面积1900亩，山林面积41164亩。

欧陂村村民赖来在17岁时，就加入了东江纵队，不仅打过日军和伪军，还参加过抗美援朝。他在战斗中负过伤，新中国成立后，享受老红军待遇。村民曾香也是游击队员，因作战勇敢，新中国成立后，曾任博罗县副县长。当年，在赖来、曾香的带动下，欧陂村有很多青年都加入了共产党或游击队。

欧陂村村委会办公楼

欧陂村小学

欧陂村地处横沥镇东北部，属于山地丘陵地带。与大岚村一样，欧陂村也在精准扶贫挂钩帮扶单位的资助下投资经营了一个较大的蜜柚场，投资额约30万元，每年可以为村集体带来5万元的收入。另外，欧陂村引进了惠州市缘源泉实业有限公司，生产“缘山泉”天然弱碱性山泉水。水源取自山上168米深处，公司把水源地周边600多亩土地租赁下来，作为水源保护区。企业的到来，为村里解决了一部分基础设施的投入问题和剩余劳力的就业问题，村里的面貌得到一定的改善。

三栋镇

陶前村

陶前村是三栋镇的中心村，占地6.5平方公里，下辖19个村小组，常住人口6322人。全村有耕地约1000亩，林坡地约1500亩，水塘约100亩。

落户在陶前村的工业园

1925年，陶前村响应惠阳县农会的号召，一部分村民积极参加了农会，成立自卫队，向地主豪绅开展减租减息斗争。自此，该村就点燃了革命的火种，先后有5人参加了革命。其中林修在游击队（地方成立的武装）任过指导员，1949年在多祝梨园对敌作战中光荣牺牲；李容生是惠东宝人民护乡团情报员，1947年在永湖送情报时，被国民党杀害；李志文于1943年参加东江纵队，是东江纵队司令部的通信兵，1945年在罗浮山战斗中牺牲，时年26岁。

因镇委、镇政府所在地就在陶前村上，因此，曾是革命老区的陶前村自解放以来，无论是政治、经济、文化还是党的建设，都走在了全镇的前列。

陶前村一角

改革开放以来，陶前村以经济建设为中心，依靠惠南大道（从惠州到惠阳）穿村而过的地理位置位势，积极招商引资，大力盘活土地资源，大部分村民由以前的“泥腿子”变成了“洗脚上田”的商人。进入21世纪，惠城区数码工业园就落户于陶前村，占用该村土地3000多亩；惠南汽车城20多家4S店也争相入驻该村；其他企业诸如惠州市昊扬实业有限公司、采丽玻璃制品厂、吉增灯饰企业有限公司、兴发工贸发展有限公司等，在这里形成聚集效应。

全体村民在村委会的带动下，建厂房、办企业，开小店、搞个体，做买卖、跑运输，在商海中大显身手。不仅自己富裕起来，也带动周边村民共同发家致富。

坝山口村

坝山口村位于三栋镇东面，与惠阳永湖交界，面积4.5平方公里，下辖16个村民小组，常住人口1977人。全村有耕地约860亩，林坡地约3200亩，是三栋镇第一个“惠州市生态示范村”“惠州市宜居村庄”和“广东省首批名村示范村创建单位”。

1939年，东江华侨回乡服务团的成员叶运明（地下党员）深入到惠阳麻溪、三栋等地开展抗日救亡宣传活动，选择了坝山口

坝山口村村委会办公大楼

村开办革命夜校，由当地农民知识分子曾福民任校长，曾乙生、曾振强任教员，以夜校为阵地，不断向当地农民宣传和灌输革命道理。

1945 年 2 月，惠阳县委从地方抽调房松率领 11 名党员和进步青年常驻坝山口村，开展农民运动工作。不久，便发展了曾福民、曾陈贵、曾乙生 3 个党员，并于同年 3 月成立了党小组。

1945 年 5 月，日寇入侵三栋坝山口等地。东江纵队即派第二支队手枪队员曾陈贵返回坝山口村协助抗日自卫大队开展工作，组织民兵武装进行抗日。

抗日战争胜利后，国民党军队曾“围剿”坝山口黄泥坎村，抓走曾乙生。至 1947 年春，国民党驻惠州某部队军官曾壁忠（坝山口人）回乡省亲时，才把曾乙生和无辜被捕的乡民解救出来。

养志小学

1946 年，在香港隐蔽的曾福民回到了三栋，在坝山口村恢复了党组织活动。1947 年，曾福民、罗汝澄、陈容金等人在三栋成立敌后武工队，陈容金为队长，曾福民为指导员。武工队成立后，配合游击队展开地下工作，直至新中国成立。

近年来，坝山口村凭借良好的自然风貌和资源优势，成功引进食品厂、休闲旅游项目“蒙古包”、东风日产专营店等企业，集体经济明显增强。

坝山口村的曾氏家族，是我国重要思想家曾子的后裔。在该村九龙窝村民小组，建有曾子纪念馆，占地2000平方米，建筑面积1450平方米，已成为该村一道亮丽的文化风景线。

上洞村

上洞村小学

上洞村是三栋镇的中心村，全村面积8.2平方公里，下辖22个村民小组，常住人口5287人。全村有耕地约2700亩，林坡地约14087亩。农业以种植水稻、花生、花木为主，村内有很多土地都在支持圩镇的扩建和工业园区的建设。

1924年，受海丰农民运动的影响，上洞村一部分村民积极参加了农会，成立自卫队，开展农民运动，打土豪、分田地，进行土地革命。1927年，土豪劣绅组织民团对该村进行过“围剿”，农会与民团发生激烈的枪战，部分村民由此走向革命道路。

上洞村引进的企业

全体村民的经济来源以经商或外出打工为

主。上洞村农业所占的比例较大，其土地主要租赁给老板种植花木；工业主要是村里自建厂房，承包给老板运营，村内已形成一个小工业园区，入户企业近20家；现代服务业比较健全，有商场、超市、旅馆等。

上洞村村委会办公楼建于2010年，共四层。占地面积120平方米，建设面积400多平方米。一楼租赁给别人开档口，二至四层为村委会办公场所，当年投资60多万元才建成。上洞村曾获得“惠州市宜居村庄”“广东省卫生村”等荣誉称号。

芦洲镇

三洲村

三洲村位于芦洲镇中部，面积12.22平方公里，下辖17个村民小组，共641户，总人口2780人。全村有水田1100亩，旱地550亩。

三洲村村委会办公楼

三洲村曾是游击队活动最为频繁的地区，依山傍水，靠近东江，方便开展游击战。村民邱诗仔、闻干忠、闻水沅等人都是革命战士，都曾参加过围歼博罗县柏塘镇伪军的战斗。新中国成立后，闻水沅曾在芦洲水利所工作，直至退休。

村内农田水利建设

三洲村内有一座伯公坳

（中型）水库，风景秀丽。县道208线途经三洲村，交通便利。近年来，为发展集体经济，带动村民致富，村委会筹集资金30多万元，配套和完善了村道、路灯等设施。在产业发展上，扩大特色农业种植规模，重点发展生态农业和乡村旅游，加大了五彩稻田、体验果园、花卉园的种植面积。同时，因地制宜，以东江客家村落文化为基础，把三洲村打造成为绿色宜居、活力充沛的新农村建设示范区。

岚派村

岚派村位于芦洲镇中部，面积7.7平方公里，下辖9个村民小组，共420户，总人口1496人。全村耕地面积1310亩，县道208线途经全村，村内有多处古建筑，风景秀丽怡人。

岚派村村委会办公楼

岚派村是当年东江地区游击队活动的根据地。村民许谟、许高秋、许亦盛（女）、许少荣、许振文等都是游击队队员。据不完全统计，从抗日战争到解放战争，全村共有12名村民参加了革命。战士许谟在解放博罗县城时，左腿曾被打伤。新中国成立后，许谟曾在惠阳地委组织部工作，许高秋曾在紫金县外贸局任局长。

岚派村一角

岚派村地理位置优

越，临东江、依大岚河，三面环水，一面靠山，已成为北部山区乡村旅游的最佳选择地点。岚派村是明代万历年间从福建漳州迁徙而来的，至今已有420多年，后代数千人，分布各地及海内外。岚派村至今仍保存着大量的清代建筑，尤其是许家二房大屋、文林第与五房糖房，均为惠城区重点文物保护单位。

改革开放后，岚派村年轻人大都外出打工。近年来，村里投入300多万元，先后建起了村文化广场、村委会办公大楼等场所。并修建了总长约4公里的沿村环形公路，以方便游客在村里游览，观看东江自然景观。

富星村

富星村位于芦洲镇东北部，面积3.25平方公里，有9个村民小组，共340户，总人口1406人。全村共有耕地面积1450亩，特色农业有甜玉米、甘蔗等。

富星村村委会办公楼

富星村在抗日战争、解放战争期间，都是革命武装根据地。村民邓子庭、邓水英、邓明星、邓道修等人都是东江纵队的战士。1945年，邓水英参加游击队，平时主要任务是负责后勤工作，兼给地下党员送信、送枪支弹药等。1947年1月7日，在富星村发生了一场战斗，中国人民解放军粤赣湘边纵队东江第三支队第一团在村里召开全团干部紧急会议，传达华南分局在香港召开的重要会议，决定深入发动群众，扩大武装斗争，打倒国民党反动派，解放全中国。

绿化后的乡村道路

会议期间，由于敌人告密，战士们遭到来自观音阁、泰美两地国民党军队的袭击，在敌众我寡的情况下，为保存革命力量，全团干部决定突出包围。于是，同敌人展开激烈的战斗。这次战斗，团政委霍锡然（应为霍锡熊）等四位同志不幸中弹壮烈牺牲。新中国成立后，惠城区政府在富星村为壮烈牺牲的战士们立下了革命烈士纪念碑。

近年来，富星村从改善交通为切入口，在外出乡贤及社会热心人士的支持下，共筹得建设资金 5 万多元，对全村主干道进行了硬底化建设，有效解决了群众行路难问题。为提高农业生产抗灾减灾能力，富星村修筑了“三面光”灌溉渠道近 10 公里。

上青村

上青村位于芦洲镇南部，辖区面积 7.04 平方公里，下辖 9 个村民小组，有农户 468 户，总人口 1790 人。全村有耕地 2200 亩，其中水田 1200 亩、旱地 1000 亩，集体经济收入来源为林地、鱼

上青村农家书屋

塘出租。县道208线贯穿全村，交通便利。

上青村是当年游击队活动范围，村民杨观如、杨南、杨志成等人在抗日战争时期，就参加了游击队。1944年冬，日军强占一条民船从横沥逆江而上，计划到观音阁。途经上青村杨屋码头时，遭到两岸游击队的伏击。以上三名游击队员带领部分村民，趁日军下船逃窜的机会，把船上的枪支缴获，献给了东江纵队。

上青村公园

上青村有一渡口，是芦洲镇1.8万人通往博罗县泰美镇唯一的通道。虽然轮渡的核定载运是车辆12吨，人员20名，但遇到节庆时候，超载超员现象时有发生。再加上人车同船，每逢大雨江水暴涨时，通行危险重重。为此，近年来，村委会把交通问题作为头等大事来解决。经过多年呼吁，2016年，修建芦泰东江大桥的方案正式确定下来。芦泰东江大桥全长2.7公里，采用二级公路标准，双向四车道，设计速度60公里/小时，总投资约3.58亿元，目前已进入建设阶段。

横岭村

横岭村位于芦洲镇中部，辖区面积2.26平方公里，共有9个村民小组，共273户，总人口1130人，全村有耕地1350亩，集体经济收入主要来源为果场、鱼塘出租。

在抗日战争时期，横岭村村民林谭成、林广来、林清是东江纵队战士。在解放战争期间，国民党反动派曾对这一带进行过大搜捕，主要抓捕共产党员和游击队员。横岭村村民在中国共产党的领导下奋起反击，有一些游击队员被打伤。当时医药奇缺，有队员因此而牺牲。

横岭村村委会办公楼

近年来，广大村民在村委会的带领下，依托自身土地资源，大力发展订单农业，种植反季节蔬菜和甜玉米等经济作物，农民收入倍增。在文化活动上，村委会经多方集资，建起了村文化广场，占地面积约有800平方米。广场内摆放有各种健身器材，一到晚上，村民就聚集一起，在这里唱歌跳舞，其乐融融。

横岭村文体广场

东胜村

东胜村位于芦洲镇东北部，辖区面积2.26平方公里，有11个村民小组，共240户总人口1003人。全村共有耕地面积1500亩，以传统农业为主，种植有甜玉米等特色经济作物。

东胜村一角

东胜村紧邻东江，对面就是博罗的重镇观音阁。在抗日战争和解放战争期间，观音阁曾驻有日军的小股部队和伪军。他们经常杀害无辜百姓，抢掠物资，东胜村就成了游击队活动最频繁的地方。游击队员们常从这里渡河过去偷袭日军，或者有伤员时，都在这里养伤。从 1939 年一直到新中国成立，整整 10 年里，这里都是游击队员们的大后方。

近年来，东胜村带领群众搞发展，先后修通了 10 多公里的村道，建起了“法德广场”。法德广场主要教育村民学法、守法、用法，广场占地面积约有 800 平方米，设有法律条文、德育故事等宣传栏，还专门开辟出篮球场、乒乓球场等健身场地。

东胜村文体广场

东胜村每年农历二月十三都举行盛大的“南瓜节”。相传，南瓜节已有 600 年历史。进入 21 世纪，东胜村南瓜节从一种乡间祭祀活动，演变成公益唱主角的活动。南瓜节前后，外出乡贤或本村较富裕的村民，均积极为家乡建设捐款捐物。1999 年，维修东胜村蔡氏宗祠；2002 年，修建东胜村东西两个门楼；2008 年，铺设 3 公里的村道；2007 年，修建村内候车亭等。每一笔动辄数万元的工程款，均来自历届南瓜节村民的捐赠。村民的善款，还用于奖励考上大学的东胜村学子，根据考取学校的不同，每人奖励数百元不等。目前，东胜村已有 20 多名大学生。

群建村

群建村位于芦洲镇中部，辖区面积1.47平方公里，下辖6个村民小组，共180户，总人口730人。全村有耕地1200亩，其中水田700亩、旱地500亩，集体经济收入主要来源为土地出租。

群建村被评为革命老区村，主要是新中国成立前群建、富星、三洲这几个村是一个片区，都是东江纵队的活动范围。这里的群众为了支持革命队伍打日寇、打国民党反动派，冒着杀头或者被捕的危险，为游击队提供吃的、用的、住的，为战士们站岗放哨，传送情报。这里的人民帮助了共产党及人民军队，为壮大革命力量，取得最后胜利，付出了巨大牺牲，作出了极大贡献。

群建村文体广场

近年来，群建村积极搞好治安联防工作。由于这里位置偏僻，山林较多，偷窃现象比较严重。有的村民好不容易养大的耕牛，在一夜之间就丢了几头，损失惨重。为解决这一难题，打击盗牛贼，村里通过集资，找外出乡贤赞助，在村主要路口安装了5个监控。这些监控直接连接到派出所，成为防范盗贼的“天眼”。自2014年安装监控后，村里的猪、牛、羊、狗再也没有丢失过。

群建村所获得的荣誉

为发展“三高”农业产业，2004年村里招聘来种植能手，在村里种植枇杷树，刚开始试种50亩。几年后枇杷结果，因味美果甜，远销深圳、广州，每年的销售额约在60万元。在种植能手的带动下，村里不断扩大枇杷的种植面积，枇杷已成为村民的主要收入来源。

马安镇

龙塘村

龙塘村位于马安镇最南部，辖区面积6.2平方公里，西枝江从该村流过，交通十分便利。全村有14个生产小组，有546户人家2187人。有耕地1980亩，河滩荒草地3000多亩，河滩荒草地于20世纪80年代出租给老板改造成鱼塘，饲养鳗鱼。

1943年春，随着抗日战争的不断胜利，国共两党的较量也越来越残酷。此时的南粤大地，广大劳苦大众已清楚地看到，只有共产党才能救中国。于是，纷纷跟着共产党积极闹革命。

龙塘村内的天祥公园

在这种形势下，龙塘村也成立了武工队，村民文育任中队长，邓志平任政治指导员，队员有10多名，主要在龙塘、西枝江畔、良井、大坑等地活动。所肩负的任务就是观察敌情，保卫乡亲，并征收从西枝江经过的商船税，交给上级支队统一使用。

武工队成立的第二年，为积极发动群众翻身做主人，还在龙塘村成立了农抗会，村民文沄彛任农抗会主席。为加强农抗会的领导，还成立了民兵队，由村民文瑞彝任队长，队员有20多人，民兵队员多次为东江纵队送粮送钱、传递消息、转移伤病员等，积极进行革命工作。

1946—1948年间，农会发动广大青年参军参战，为东江纵队和武工队输送多名队员，如文伟强、文振光、文瑞生、文景光、文伟权等人。这些人中，有4人曾随东江纵队北撤，中华人民共和国成立后，龙塘村参加东江纵队的队员很多分到全国各地，当上了地方领导人。有部分人在惠阳工作，参加了土地革命、土改、复查工作。其中，文捷如在1949年中山县剿匪中英勇牺牲，文克余于1949年12月在顺德县作战时壮烈牺牲。两人均被评为革命烈士。

龙塘村蔬菜种植基地

该村村民以种植水稻、玉米、蔬菜为主，兼以养鳗鱼为辅。为发展集体经济，龙塘村引进了一个1000多亩的蔬菜种植基地和一个1700多亩的水产养殖基地，是惠州市生态示范村、惠州市森林家园建设点和惠州市人文历史名村。

龙塘村大都姓文，是文天祥胞弟文天球的后裔。近年来，随着乡村振兴战略的推进，龙塘村依托历史文化优势，先后投入资金对该村的古村落、古建筑、古文物遗存进行有效保护，并于2015年在村内建起了文天祥公园。

新楼村

新楼村以前叫“石灰围”，这名字的来历有一个传说。相传有一次该村在夜晚与邻村械斗，被邻村以石灰石攻击，天亮后发现整个村子都是白乎乎的一片，故取名“石灰围”。

新楼村的门楼

全村面积 2.24 平方公里，辖 10 个村民小组，有 411 户人家 1764 人。近年来，该村先后荣获“惠州市生态示范村”“惠州市科普示范村”“惠州市文明创建示范点”“广东省妇女之家示范点”“广东省儿童友好社区”等称号。

从 1942 年到新中国成立，该村先后有 10 多位进步青年参加了东江纵队、粤赣湘边纵队，其中有谢棋光、颜电交、黄生、颜冲波、颜佛仁、陈武、刘康贤、林如、颜惠铁、刘辉、陈华丁、付群、颜流民、谢文、林伙帝等。在战争时期，该村的游击队队员均抱着随时为中国人民解放事业献身的精神，在各个战场上勇敢战斗，勇往直前，先后牺牲了 6 位战士。其中，在 1944 年 6 月的一个晚上，东江纵队征粮队队员颜电交回家探亲，由于国民党特务告密，当晚国民党部队包围了全村，村民奋起反击，在战斗中，带领村民反击的颜电交不幸中弹牺牲，献出了年仅 20 岁的宝贵生命。这更加激起了村民对国民党顽固派的仇恨，全村

村内的养殖业

村民团结一致，大力支持革命工作，并在该村建立起根据地，为游击队储藏粮食、养治伤兵、宣传革命理论等活动提供了良好的场地，为中国人民的解放事业作出了贡献。

近年来，新楼村依托国家现代农业示范区（核心区）项目建设的有利时机，实施乡村振兴战略，大力发展大棚花卉蔬菜、水产养殖等产业，先后引进财兴实业、泰荣度假等企业落户，2017 年全年集体收入 70 万元。

村内公园一角

村集体经济发展后，把教育事业摆在重要位置。投入 300 多万元新建一幢教学楼，建筑面积有 1620 平方米。并配备了先进教学设施，让乡村孩子们和城市孩子一样，能够享受良好的教育。同时，还大力推进片医试点工作，联合计生办、妇联等开展免费送药、免费体检等活动，让村民得到实实在在的好处。为提升村民文化素质，村委会投入 400 多万元建成占地面积 2. 4 万平方米的村文化广场，内有乒乓球、棋牌室等场馆，极大地丰富了村民文化生活。

2017 年 6 月，惠城区廉政教育基地在该村文化广场内建成。该基地建有百米文化长廊、警鉴互动体验馆等设施，将廉政文化与本土文化相融合，成功吸引广大干部群众前来参观学习。

下良村

下良村位于马安镇北部，面积约 9. 75 平方公里，辖 12 个村民小组。农田面积约 2079 亩，林地面积 2500. 5 亩。村有大岭古

下良村村委会办公室

山（高 158 米）和谭坑、山塘尾两座水库。

全村有户籍人口 1780 人，惠大高速、马水公路经过本村。近年来，村内建设有 1 个村民活动中心，1 间图书室。2015 年荣获“惠州市宜居示范村”称号。

下良村被评为革命老区村，主要是因为村里出了几位革命战士。邓玉荣，男，1916 年 6 月生，马安镇下良村人，东江纵队战士，1944 年 10 月在惠东县平山塘作战中牺牲，时年 28 岁；李顺好，女，1910 年 5 月生，马安镇下良村人，惠（阳）东（莞）宝（安）人民护乡团交通员，1949 年 2 月在马安镇下良村被暗杀。据统计，本村参加革命的村民就有 10 多名。

20 世纪 90 年代，下良村曾引进一家企业，主要生产羊毛衫。该企业租赁村集体厂房，占地面积约有 2000 平方米，就业人数高峰期超过 600 人，解决了村里部分剩余劳动力就业问题。2010 年，惠城区高新技术工业园——东园区落户下良村，占用土地 1200 亩，有力地促进了该村经济的发展。

重阳节全村老人聚餐情景

尊重老人是下良村的传统美德。从 2010 年开始，在重阳节到来时，村里都要举行宴席，为老人们举办热热闹闹的庆祝活动。在广场上搭起舞台，为60岁以上的老人们表演文艺节目。同时，还联络志愿者进村，为老人们提供义务理发、免费健康检查等。

黄严村

黄严村位于马安镇东部，面积约5平方公里，辖6个村民小组，人口1430人。全村有农田1819.5亩，林地面积约2062亩。国道324线经过本村。

黄严村图书室

1928年，受高潭区苏维埃政府的影响，村里很多村民参加了农会，成立自卫队，并举行农民大暴动，攻打了淡水反动派民团据点。1933年，中国工农红军东江独立师一团，曾在黄严村活动过。广大村民为部队提供了大量的食物和中草药，部队曾在村里休整三天，受到群众的保护。据了解，村里有位革命战士叫孙亚文，1922年出生，曾在东江纵队第二支队任小队长。1946年7月在马安镇水贝村被国民党反动派杀害。

黄严村一角

近年来，该村大力发展特色农业，主要种植的经济作物有无公害水稻、蔬菜、西瓜、龙眼等。1984年，该村通电话；

2010 年，全村村道实现水泥硬底；2011 年，全村通自来水。

村中主要宗祠为孙氏宗祠，始建于明末清初，重建于 20 世纪 90 年代，占地 200 平方米。村中古建筑有七圣宫、五谷庙、南海观音庙。每年农历五月均有集中的祭祀活动。

小金口街道

小铁村

小铁村位于小金口街道的东北部，与惠州市区相连，惠州大道、金龙大道贯通整个辖区，兼有广惠高速、惠河高速出口，交通优势明显，总面积 12 平方公里。

小铁村村委会办公楼

小铁村部分小组为新丰江水库的移民。1963 年小铁村与北权村合并为小铁大队，1998 年改为小铁村村民委员会。辖 14 个自然村，人口 5600 多人，村集体年收入近百万元。其中北权、小铁小组现为惠州市革命老区村。

1948 年 7 月至 1949 年 9 月，粤赣湘边纵队东江第三支队在北权村设立交通站，进行革命活动，现旧址已被保护起来。村里年轻人叶新泰、叶桂宝、叶桂成等人常为交通站秘密带送情报、函件，该村农民积极支持革命斗争。1944 年冬，共产党领导的地方武装在小铁村进行革命活动，革命斗争由北权村发展到毗邻的小铁村。小铁村农民许佛奎热情接待和掩护革命同志，其儿子许焕生和村里许多年轻人都参加了革命队伍。解放战争期间，粤赣湘边纵队在当时是国民党统治区的北权、小铁两村进行革命活动多年，得到这两个村群众的掩护、配合与支援，从未受过国民党军队的围击。这两村也常常为革命部队筹借粮食，支援武装斗争，直至 1949 年 10 月惠州解放。

小铁村广体广场

近年来，小铁村先后投入 500 多万元，为村民建起了文化广场、文化书屋、老人活动中心等场所，不断丰富村民文化生活。

九龙村

九龙村以村后的九龙岗而得名，位于小金口街道东北部，辖 5 个小组，面积 4.7 平方公里，耕地有 1120 亩，属广东省十大农业示范区之一。

九龙村综合市场

九龙村是移民村。1958 年冬，因新丰江水库建设，村民从河源县回龙区古岭乡川灶村迁移到此，现有村民 452 户 1827 人。在各级党委、政府的关心支持下，近年来，村委会建起了办公楼、幼儿园、九龙小学等。为发展集体经济，村委会及各小组共有厂房面积 2.6 万平方米，其中村委会厂房面积有 4200 平方米。村、组集体经济的主要收入是厂房出租。

在解放战争中，川灶村为游击队的根据地。1947 年冬至 1949

九龙村幼儿园

年春，中国正处于黎明前最黑暗的时候，革命斗争风起云涌。由龙（门）河（源）博（罗）边区组建的游击队，在队长黄虎的率领下，先后在古岭乡川灶村一带进行组织宣传活动，点燃了回龙区革命斗争的烈火。1948 年春，共产党员练英、许子如等随部队到川灶村搞建党工作，发展党组织。在部队的直接领导下，于 1948 年 5 月建立了川灶村党支部，江守平任支部书记，钟启修任组织委员，江国权任宣传委员，党员有江定林、江河俭等人。

1947 年冬，粤赣湘边纵队东江第三支队第一团团长曾光、副团长谢光、教导员钟奇，武工队长梁德、副队长洪佳，还有部队骨干许于如、汪秋兰、曾志、练英、黄干等同志带着部队活动于古岭乡一带，经常进入川灶村进行串连活动，宣传党的政策，扩大斗争声势和政治影响，发动进步青年参加革命队伍。当时川灶村有江彬宏、江石宣等 10 多人参加革命队伍，分别安排在连队和武工队进行革命斗争。1948 年 5 月，国民党一个连队进驻古岭乡，但他们时常出来欺压老百姓，掠劫民财，搞得四乡鸡犬不宁，川灶村民兵积极配合武工队，利用楼下村的松树林作掩护，迅速包围了敌军驻地，经过一整夜的激烈战斗，把敌人打得落花流水，狼狈逃遁。这一仗，把川灶村以及整个古岭乡的革命斗争推向了新的高潮。

改革开放以来，九龙村在抓好种养业的同时，积极引进外资企业，如今在九龙村落户的企业有鼎晨有限公司、住润电装厂、沃特塑胶公司、奥南浦等。

水口街道

澳背村

澳背村位于水口街道东面，面积约6平方公里，辖4个村民小组，共690户人家共3250人。耕地有1935亩，主要种植水稻、花生、玉米、萝卜等农作物。

澳背村村委会办公楼

澳背村是革命武装根据地。1927年，号称四十八团的惠阳地主武装，分三路围攻高潭，澳背村村民得知这一消息后，迅速传递了情报，使阻击战提前打响，粉碎了敌人偷袭的阴谋。为了支持农会武装，澳背村村民还筹集干粮、草药送到前线，支持游击队。1945年，日军向镇隆进犯时，遭到游击队员的伏击，澳背村是伤员们的落脚点，很多伤员被送到这里治疗、休养。在革命精神的召唤下，澳背村有很多青年参加了革命队伍。

近年来，村委会在上级部门和帮扶单位的支持下，先后投入80多万元，修通了各村小组之间的水泥路，安装上路灯，方便村民出行。建起了200平方米的办公楼，并在办公楼内设有一站式服务厅、农家书屋、会议室、乒乓球室、档案室等，方便群众办事和学

澳背小学

习。建起六年制小学 1 所，教师 12 名，在校学生达到 184 名，适龄儿童入学率 100%。

大和村

大和村位于水口街道北部，面积约 17 平方公里，辖 8 个村民小组，人口有 4952 人，是水口街道人口最多、面积最大的行政村。全村现有耕地 2970 亩，主要农作物有水稻、玉米、花生等，还有水果。

大和村小学

大和村在解放战争时期，为中国革命的胜利作出了贡献。1947 年，为反抗国民党反动派夺取抗战的胜利果实，大和村成立了农抗会。在惠阳、紫金地区县长钟燕林的领导下，开展了反“三征”和破仓分粮斗争，以支持游击队的行动。在反国民党“清剿”的战斗中，很多村民的房屋被烧毁，部分村民被打死打伤。该村村民黄子建、黄潭寿、黄子青先后参加革命队伍。其中 1905 年出生的黄潭寿，在平潭新田埔战斗中英勇牺牲，时年 39 岁。

大和村村委会办公楼

近年来，村委会积极与各大企业联手，共同建设社会主义新农村，先后筹集 100 多万元，对全村各小组的村道进行了硬底化，对村庄进行了绿化、亮化。并建有六年制小学 1 所，教师 20 名，在校学生 300 名，适龄儿童入学率 100%；有村级卫生所 1 间，村委会办公用房和活动场所面积 360 平方米。大和村多次被市、区评为优秀村委会、优秀基层党支部。

洛塘村

洛塘村地处水口街道北面，面积 5.3 平方公里，辖 5 个村民小组，人口 4810 人。村内有耕地 1871 亩，山林 130 亩，水塘 84 亩。洛塘村土地肥沃，水利条件优越，适合种植水稻、果蔬、玉米等农作物。

洛塘村小学

村内建有 6 间厂房，面积 1.45 万平方米。现有六年制小学 1 所，教师 18 名，在校学生 508 名，适龄儿童入学率 100%。有村级卫生所 1 间。村委会办公用房和活动场所面积 180 平方米，设立了农家书屋、会议室、活动室、档案室等。曾获得“2017 年水口街道先进单位”荣誉称号。

洛塘村水果种植基地

在解放战争时期，洛塘村曾是惠东宝人民护乡团的根据地，团长是蓝造。洛塘村村民节衣缩食，为护乡团提供了衣物干粮，照顾受伤战士。下屋小组村民黎国民在1943年8月还给东江纵队带过路，攻打过日、伪军。

近年来，村委会带领群众大力发展“三高”农业，其中蔬菜种植达200多亩，水果达500多亩。同时，加大招商引资力度，成功引进了惠州市美味轩食品有限公司和惠州泰元食品厂2家企业，有力地促进了集体经济的发展。

蓬陵村

蓬陵村位于水口街道东南面，面积约4.5平方公里，辖7个村民小组，共890户4375人。全村有耕地1950亩，山林4500亩，水塘193亩。主要种植水稻、玉米、花生、番薯、蔬菜等农作物。村内现有六年制小学1所，教师13名，在校学生220名，适龄儿童入学率100%。有村卫生所1间。村委会办公用房和活动场所面积120平方米，设立了一站式服务厅、农家书屋、档案室等。

蓬陵村门楼

抗日战争时期，该村为东江纵队活动区。1943年，日、伪军200余人，从博罗乘快艇溯江而上，到汝湖、水口进行“扫荡”。东江纵队小分队在水口与日、伪军交上火，蓬陵村就成了战后医疗场

蓬陵村小学

所。村民们为战士们提供食宿，救助伤员。激战半天后，日、伪军撤走。三天后，日、伪军进行了报复，东江纵队被迫撤离。蓬陵村遭到了日军的烧杀抢掠。村民钟法明等一帮青年，就是在此时参加了东江纵队，发誓要为乡亲们报仇。中华人民共和国成立后，这里被评为革命老区村。

三联村

三联村位于水口街道东南部，面积约9.2平方公里，辖3个村民小组，共2910人。全村有耕地3111.31亩，山林7735.82亩，水塘180亩。农作物主要以水稻、甜玉米、蔬菜为主。现有六年制小学1所，教师11名，在校学生230名，适龄儿童入学率100%。有村级卫生所1间。村委会办公用房和活动场所面积200平方米，设立了一站式服务厅、农家书屋、会议室等。

三联村村委会办公楼

三联村是广东人民解放军江南支队的活动范围。1945年，中共地下武装部队在三联村临时驻扎过，该村村民积极为部队提供各种军需帮助。村民张炎带就是在这一年加入了游击队，在1948年稔山战斗中光荣牺牲。1948年，江南支队驻扎三联村，此时部队的总兵力达到5000人，下辖5个团和1个独立大队，司令员为蓝造，政委为王鲁明。

三联村引进的农业龙头企业

村民们视部队如亲人，积极为子弟兵筹集粮食。从大革命时期到解放战争时期，村里有很多村民参加了革命。其中曾子庭 1942 年加入农会，后转入东江独立大队，最后还参加过抗日战争；村民严顺、刘日娣 1946 年加入东江纵队，后随部队北撤，到了山东。

近年来，在各级各部门的大力支持下，三联村大力发展“三高”农业。其中蔬菜种植面积达 800 多亩，已成为较有名气的蔬菜供应基地。

上村村

上村村小学

上村村位于水口街道东南面，面积约 12.5 平方公里，辖 11 个小组、22 个自然村，总人口 4348 人，劳动力 2000 人。全村有耕地 2846 亩，山林地 1500 亩，水塘 300 亩，村中以水稻为主要农作物，并引进了蓝莓基地。现有六年制小学 1 所，教师 11 名，在校学生 133 名，适龄儿童入学率 100%。有村级卫生所 1 间。村委会办公用房和活动场所面积 480 平方米，设立了一站式服务厅、农家书屋、会议室、乒乓球室、档案室等。

上村村引进的农业龙头企业

解放战争时期，惠紫人民自卫大队、惠东宝人民护乡团都曾在上村村活动过，受到过村民的支持与保护。1946 年，在中国共产党的领导下，上村村成立了民兵组织，进行革命活动。1949 年解放淡水时，上村村民兵组织群众为部队送去粮食、衣物和草药，有力地支持了前方的战斗。中华人民共和国成立后，这里被评为革命老区村。

万卢村

万卢村曾称“万枫乡”，后来改名东方红大队、万卢管理区，最后定名万卢村至今。

万卢村位于水口街道东北边，距惠州市中心约 15 公里。面积约 4.5 平方公里，辖 10 个村小组，共 600 户人家 2650 人。全村有耕地 1800 亩，水塘 203 亩。村集体年收入约 64 万元。

村内现有六年制小学 1 所，适龄儿童入学率 100%。村级卫生站 1 间。村委会办公用房和活动场所有 1000 平方米，设立了一站式服务厅、农家书屋、会议室、乒乓球台、档案室等。

在解放战争期间，万卢村是中国人民解放军粤赣湘边纵队的活动地点之一。1947 年，粤赣湘边纵队第二支队与盘踞在淡水的国民党军队进行了一场激战。很多伤员被转移到万卢村进行治疗。据了解，有 40 多名伤员在万卢村治疗有半月之久。这期间，村民们成立了民兵组织，自觉为伤员们站岗放哨，传递情报。村民卢肇钦（又名卢苟）就是一个杰出的代表，1923 年出生，1945 年 1 月参加东江纵队，1945

万卢村小学

年 2 月在惠东县稔山作战中牺牲，时年 22 岁。

近年来，在上级党委、政府的正确领导下，万卢村大力发展现代农业，引进了广东海纳农业有限公司、惠州市凯联鑫农产品有限公司等农业龙头企业，带动了经济的发展。万卢村先后获得“广东省生态示范村”“创建国家级生态示范场”“创建名镇名村示范村”等荣誉称号。

村内有一个地方叫“耕寮”，这里有几栋民国初年建成的房屋，雄伟壮观，很有气势。房屋主人叫李佛戴，因他在家族同辈中排行第六，因此被称为“六戴”。

李佛戴生于清同治八年（1869），自小随父做糖、油生意。李佛戴具有出色的经商才能，生意越做越大，宣统年间，其家产已超过 10 余万两白银。

万卢村村委会办公楼

革命时期，李佛戴在战乱中把握商机，大量囤积货物，以惠州为基地，再以高额的差价销往广州，很快就成为商业“大腕”。据说，蒋介石都曾向李佛戴借过军饷。

中华人民共和国成立后，李佛戴老屋被征用，先后成为部队的住所、水口中学的校舍等。1995 年，水口中学重建后，老屋才回到李氏后人的手中。

龙津村

龙津村北靠东江，面积约 6.5 平方公里，下辖 8 个自然村。因处于水口街道圩镇中心地带，农民早已变成市民，工商业已成为村集体主要经济来源。2017 年，村集体收入约 3000 万元，是惠城区最富裕的行政村。

龙津村曾是中共海（丰）陆（丰）惠（阳）紫（金）五（华）特别委员会的秘密联系点，从土地革命开始，很多村民就参加了革命队伍。比较出名的有谭干辉，1941 年参加游击队，1946 年随东江纵队北撤到山东。1945 年 8 月，日本投降后，国民党第一三五师集结地方反动武装，对保护革命队伍的村庄，进行了血腥镇压。龙津村在这次镇压中，多间房屋被烧毁，牲畜被抢光，另有 3 名村民被打死。

龙津村村委会办公楼

龙津村处于东江和西枝江交汇处，为了发展壮大集体经济，龙津村办起了红砖厂、榨油厂、小农场等，集体收入大有起色。改革开放初期，村“两委”班子利用地缘优势，积极招商引资，把征地的钱先不分给群众，而是集中建起了第一栋厂房，让村民年年都有分红。这一决策，让村委会和村民都尝到了甜头，从此村里的厂房越建越多。到目前为止，共建有厂房 7 栋，年

龙津村卫生站

租金收入有200多万元。

有了厂房，再进行招商引资，先后有80多家大中型企业在龙津村落户。村民的收入是一年比一年高，人均年收入均超过3万元。村集体有钱后，加大了对公益事业的投资。先后建成起了文化活动中心、村委会办公大楼、影剧院、小学教学楼等，还组建有十几人的治安联防队，日夜巡逻。据不完全统计，近年来，龙津村投资公益事业及固定财产就达2000多万元。

万年村

万年村位于水口街道西北面，面积约4.2平方公里，辖13个村民小组，户籍人口2850人。其中耕地面积3098亩，水塘面积约255亩。现有六年制小学1所，适龄儿童入学率达100%；有村级卫生站2间，村委会办公用房和活动场所面积500平方米。

万年村村委会办公楼

万年村在土地革命时期，就成立了农会。初期只有8人报名，后来通过宣传发动，有30多人参加了农会，基本上每两户就一个农会会员。1945年，国民党第一三五师对保护革命队伍的村庄进行血腥镇压，万年村亦遭此劫。当年，大部分村民的房屋被烧毁，但村民们依旧支持革命队伍，直到迎来最后的胜利。

近年来，万年村充分发挥自身资源优势，成功引进以金羊管桩为首的几家企业，不仅解决了农村富余劳动力就业问题，还增加了村民收入和集体收入。为全面改善村民生产生活条件，村委会先后投入100多万元，对各小组道路进行硬底化，并安装路灯、监控，确保行人安全。同时，还对村道两边进行了绿化，对水利设施进行了完善。万年村先后获得“惠州市生态示范村”“惠州市卫生村”等荣誉称号。

万年村一角

下源村

下源村位于水口街道中部，紧邻东江，面积约4.87平方公里，辖5个村民小组，人口约3900人。其中耕地有2300亩，山林150亩，水塘159亩。现有六年制小学1所，适龄儿童入学率达100%；有村级卫生所1间，村委会办公用房和活动场所面积600平方米，内设一站式服务厅、会议室、档案室等。

下源村水源丰富，土地肥沃，村中以农业生产为主，主要种植作物有水稻、花生、玉米、甘蔗等。集体经济以厂房出租为主，每年收入30万元。

下源村在土地革命战争时，就有很多人参加了农会，带领农民打土豪、分田地，建立农民政权。村民严觉延1907年就参加了七女湖起义，1911年4月27日，参加了孙中山组织的广州起义；严德明，早年参加同盟会，参加过惠州起义，后主持东江同盟会活动，武昌起义爆发后，积极组织惠阳地区军民参加光复惠州的战斗。

下源村村委会办公楼

1912 年，任惠州督办。

下源村小学

近年来，村委会结合村内实际情况，大力发展生态农业体验区、文化体验基地和民营示范工业园。先后引进了以海纳粮油为代表的多家企业。该村先后获得了“生态示范村”“宜居村庄”“惠州十大最美丽生态乡村”“惠州市文明村镇”等荣誉称号。

新民村

新民村位于水口街道西面，面积约 4. 2 平方公里，下辖 5 个村民小组，共有 760 户人家 3236 人。其中耕地有 2450 亩，水塘约 180 亩。

新民村水利条件便利，农田平整肥沃，主要农作物有水稻、花生、玉米。全村有六年制小学 1 所，适龄儿童入学率达 100%；有村级卫生所 1 间，村委会办公用房和活动场所面积 360 平方米，内设有农家书屋、会议室、乒乓球室、档案室等。

1926 年，受惠东高潭农民运动的影响，新民村也成立了农会，进行减租减息运动。到 1927 年 4 月，正当农会风风火火开展之际，国民党开始屠杀共产党员和革命群众，新民村陷入血腥风雨之中。

新民村引进的农业龙头企业

当时村里参加农会的年轻人，纷纷加入游击队，跟着中国共产党干革命。在抗日战争和解放战争期间，因新民村群众基础好，这里成了革命战士秘密的休养之地。

发展中的特色农业

近年来，新民村将大部分土地承包给专业种植户发展特色农业，现种植蔬菜1000多亩，远销深圳、香港。农民每亩土地收入租金1500元左右，不仅增加了农民收入，而且还解放了农村劳动力，实现农村经济发展的第二次飞跃。同时，利用交通方便的优势，村委会还引进了惠州市小精灵饮水科技有限公司、惠州市新惠达食品厂等企业在此落户。新民村先后获得“生态示范村”“宜居村居”“惠州市文明村镇”等称号。

姚村村

姚村村位于水口街道东部，面积6.5平方公里，辖4个村民小组，共有563户人家2140人。其中耕地1329亩，山林1077亩，水塘1000亩，主要农作物有水稻、玉米、蔬菜等。村里现有卫生站1间。村委会办公用房和活动场所面积480平方米，内设一站式服务厅、农家书屋、会议室、档案室等。

姚村村从大革命时期、土地革命战争时期、抗日战争时期到解放战争时期，都是革命队伍的根据地。这里的群众受革命思想的洗礼，纷纷加入到革命队伍当中。1926年，姚村村成立农会，村民姚叙伦当选会长，会员有姚炳南、姚火荣、姚增寿等人。姚增寿因工作成绩突出，1944 年加入东江纵队，1945 年与日军作战时光荣牺牲。在抗击日军侵略战争中，会长姚叙伦带领农会会员多次给游击队传送情报，日、伪军曾 4 次“围剿”姚村村，村民的房屋、家畜损失惨重。

姚村村委会办公大楼

近年来，村委会带领村民招商引资，发展特色农业，先后投入 60 多万元，修通了各村小组之间的水泥路，并安装上路灯，解决了村民行路难的问题。同时，大力发展特色农业，不断增加农民收入。

村内办起的幼儿园

张村村

张村村位于水口街道北面，面积约 2.5 平方公里，下辖 3 个小组，人口 2100 人。有耕地 1888 亩，山林 750 亩，水塘 200 亩。张村村土地肥沃，水利条件优越，适合耕种，主要种植水稻、香蕉、火龙果等。村里现有六年制小学 1 所，适龄儿童入学率达 100%。有村级卫生所 1 间。村委会办公用房和活动场所面积 360 平方米，内设农家书屋、会议室、乒乓球室、档案室等。

张村村小学

张村村是革命老区村，在土地革命时期，就有很多村民加入了农会，进行革命活动。1943 年，东江纵队司令员曾生曾来过该村，动员村民们要团结起来，共同抗击日本侵略者。受曾生的鼓舞，很多村民都参加了革命队伍。1945 年，国民党第一三五师对该村进行血腥镇压。张村遭到很大的破坏，许多村民的房屋被烧毁。

张村村一角

新中国成立后，在上级党委的支持下，张村村在 20 世纪 70 年代通电，90 年代通电话、网络，2004 年通自来水，2007 年全村道路硬底化。2017 年，张村村荣获“水口街道无毒村”称号。

樟霞村

樟霞村位于水口街道东面，面积 4.1 平方公里，辖 3 个村小组，共有 443 户人家约 1665 人。全村有耕地 1681.2 亩，山林 3579 亩，水塘 518 亩。近年来，樟霞村依托惠州市东江高新区的发展，不断做强做大现代服务业，于 2011 年被评为广东省卫生村。

樟霞村村委会办公楼

樟霞村卫生站

樟霞村是成立农会较早的村庄，村民钟佰祥于 1944 年参加革命，参加过多次对日作战和对国民党反动派的作战。钟佰祥因作战勇敢，于 1945 年被提拔为排长，曾保护东江纵队司令员曾生安全渡过东江。村民钟惠明于 1946 年参加革命，任部队与地方之间的联络员。

陈江街道

青春村

青春村位于仲恺六路两旁，面积 8 平方公里，辖 24 个村民小组，共有 1300 户人家，人口近 2 万人，是陈江街道最大的一个行政村。

青春村党委成立于 2015 年 11 月，下设 7 个党支部。全村共有水田面积 3500 多亩，鱼塘 1000 多亩，200 亩以上菜场 6 家，总面积达 2800 多亩。有花木场 7 家、水产养殖户 17 家，特色农产品有优质荔枝、龙眼、香蕉、无公害蔬菜、甜玉米、花卉、四大家鱼等。有蔚盛集团、佳保公司等工厂企业 70 多家。近年来，村

青春村村委会办公楼

集体年收入达 210 多万元。曾获“惠州市创建平安村居”“陈江街道无毒（无邪）创建示范村”“惠州市十佳民主法治村”“广东名村”等荣誉称号。

在抗日战争时期，村里有很多进步青年参加过游击队。其中有：黄华，1928 年出生，新店小组人，1942 年参加广东人民抗日游击总队，1944 年 8 月在博罗县城与国民党作战时牺牲，年仅 16 岁；冯佛，1919 年出生，梧村小组人，1942 年 8 月参加广东人民抗日游击总队，1944 年 9 月在东莞桥头作战中牺牲；黄桂同，1920 年出生，罗庚盘小组人，1943 年参加广东人民抗日游击总队，1946 年在宝安县红花岭作战中牺牲；黄清吉，1923 年出生，1945 年 3 月参加东江纵队，1947 年 3 月在惠阳马过渡执行任务中被国民党部队杀害。

青春村便利的交通

近年来，青春村大力发展特色农业和第三产业，村集体经济不断攀升，村容村貌焕然一新。着重打造现代农业示范区，引进勇记农业开发（惠州）有限公司，租赁土地 2350 亩，主要种植销售各种蔬菜，基地年产值 3500 万元。企业落户后，积极与农民开展合作，传播农业科学知识、带领农户脱贫致富。公司和 120 户农户签订了购销合同，辐射带动农户共计 300 家，实现户均增加收入 9600 元。同时，村里还开发了鑫万利绿色生态高科技农业观光示范园项目，总用地面积 600 多亩，集种植、观赏、教育、饮食、娱乐、生产加工于一体，成为仲恺高新区首个科技型观光农业基地。

发挥地理优势打造商业走廊。2014 年上半年，引进大型汽贸物流市场，占地 5 万平方米，可容纳 200 多家商户，该汽贸物流市场与宝石批发市场、水围农贸市场、梧村“山水大观”房地产项目连成一片，集中布局在仲恺六路青春村段两旁，形成了十分繁茂的商业走廊带。

村集体富裕后，先后投入资金完成 15 公里水泥路建设，基本实现村道硬底化；投入 100 多万元为东阁片区、塘连埔村安装了太阳能路灯，为周边约 1000 名村民解决了夜间出行难问题；大力开展“美丽乡村清洁先行”活动，建垃圾池、放置垃圾桶，设置美丽乡村宣传栏，整治卫生重黑点，长期保持 20 名专职保洁员，村容村貌明显好转。

陈江村

陈江村位于陈江街道圩镇中心周围，面积约 9 平方公里，有 18 个村民小组，总人口 3589 人。陈江村党支部成立于 1955 年，2017 年 11 月升格为党总支，有正式党员 94 名，下设 6 个党支部，分别是云新片党支部、大陂片党支部、古湖片党支部、新村片党支部、大坝片党支部、两

陈江村村委会办公楼

新党支部。全村共有林地1.3万亩，水田320亩。村民主要以农工结合谋生。该村集体经济主要来源为厂租，村委会现有3间厂房、2栋综合楼。2017年，村集体收入191万元，村民小组集体经济收入共计约1726万元。

陈江村是中国共产党最早开展农民运动的地区之一。1923年4月，高潭成立农会后，受此影响，陈江在1923年底就有农民去高潭参观学习，并成为农会会员。1926年，在共产党领导下，陈江成立了甲子圩农民协会。农会大力宣传农民运动的意义和保护农民利益、打倒军阀等道理。1923—1949年，陈江成了革命的活跃地区，很多年轻人在党的宣传下，积极参军，消灭侵略者，解放全中国；地方群众则为革命队伍提供粮食和药品，并保护我们的战士，为革命胜利作出了很大的贡献。据《陈江镇志》记载，村民曾东（曾庆东）曾担任过惠东宝人民护乡团排长，1948年7月在东莞桥头鸡山岭与国民党军队作战时壮烈牺牲；村民罗洪才，1919年出生，1939年参加游击队，1945年在博罗横河放哨时被日伪军杀害。

陈江村一角

近年来，陈江村利用地处陈江街道圩镇中心的优势，大力发展商贸服务业，引进一些有实力的企业，对村组的旧厂房进行三旧改造。先后引进企业60多家，改建4个综合市场，其中张屋小组改建后的市场一年可收入200多万元。村内开办具有一定规模的超市（经营面积200平方米以上）300多家，给村民带来巨大的收益。

村集体有了经济收入后，积极推进基础设施建设，对各小组的村道全部进行硬底化，村主干道安装了路灯。为确保圩镇安全，每年投入10万元资金，组建村级联防队，形成街道、村、村民小组三级齐抓共管的群防群治的良好局面。进入21世纪后，村集体投入近100万元，为全村户籍村民购买了农村居民基本医疗保险。每个村小组还聘有保洁员，有力地促进了农村经济、教育、卫生、文化等公共事业统筹发展。

幸福村

幸福村是著名民主革命先驱廖仲恺的故乡，位于陈江街道西北部，距陈江街道中心约6公里，东距红花湖旅游区2公里，惠州市区四环路和京九铁路从村内而过。

幸福村门楼

幸福村党支部成立于1955年，2017年升格为党总支，下设6个党支部。幸福村面积18平方公里，辖有16个村民小组，总人口2550人。土地总面积17450亩，其中耕地1950亩、山地1.5万亩、旱地500亩。小型水库1个，水域面积3平方公里，常年蓄水量250万立方米。

农作物以种植水稻、荔枝、龙眼、木瓜、火龙果为主，其中荔枝是村农产品重点培育对象，种植面积达3900亩。村民主要以农工结合谋生。2017年，村集体收入达50万元。

幸福村的16个村民小组都是革命老区村。土地革命时期，在东江特委的领导下，这里的部分群众积极参加革命，对敌开展过秘密斗争；抗日战争时期，这里的群众暗中支持和帮助革命；解放战争时期，这里的群众积极为革命队伍提供各种物资供应，为中国的解放事业作出了很大的贡献。据不完全统计，1927—1949年，属幸福村籍的群众参加革命队伍的有60多人。牺牲的烈士记录在《陈江镇志》中的有2名，分别为石禾塘小组的张东来和店背小组的黄贵南。

幸福村所取得的荣誉

改革开放后，村委会想方设法带领群众发家致富。20世纪80年代，村里号召群众种冬瓜，当时的冬瓜每斤8分钱，一亩地可产一万多斤，经济收入与种水稻相比，是相当可观的。村民们在村委会的带领下，一直种到1995年。深圳特区成立后，招商引资的风潮刮到了幸福村。要招商，必须先修路。在村委会的带领下，全村干部群众齐心协力，腾出自己的土地，修通了一条长5公里、宽5米的水泥路。路通财通，一些老板开始进村承包土地，发展“三高”农业。土地的收益由20世纪90年代每亩800元，一路上涨到现在的每亩1800元。2012年，成功引进深圳承翰开发投资有限公司，投资逾30亿元，与幸福村合作，打造一个占地面积320万平方米，集游乐、生态体验、农业观光、运动休闲、会议度假等为一体的综合文化旅游区。

东升村

东升村位于陈江街道西南部，面积约5.5平方公里，辖10个村民小组，有886户人家共1.2万人（含外来务工人员）。耕地2876亩，山地1500亩，水果种植500亩，鱼塘210亩。东升村党支部成立于1955年，2017年升格为党总支，下设4个党支部。村集体经济年收入约2400万元（其中村委会收入约40万元，村民小组收入约2360万元）。

东升村党员服务中心

在土地革命时期，受高潭农民运动的影响，东升村很多农民都参加了农会，在共产党的领导下，部分进步青年参加了革命队伍，为革命事业奉献了一切。代表人物有：黄屋小组黄敏忠，1910年出生，1927年参加农会，1932年参加游击队，1942年10月在东莞桥头鸡山岭作战时壮烈牺牲，牺牲时任游击队队长。石泉岭小组黄运平，1928年出生，1946年参加东江纵队。中华人民共和国成立后，本可以退伍回乡的他毅然参加了抗美援朝战争，不幸在战场上光荣牺牲。黄屋小组黄学良，1904年出生，1942年4月参加惠宝人民游击队。在战场上出生入死，英勇作战，立下显赫战功。新中国成立后，曾任东江军分区增城县大队书记。1953年10月在梅县病故。

中华人民共和国成立后，东升村主要经济来源是农业收入，

东升村自建厂房发展集体经济

种植蔬菜、玉米、水稻等。20世纪80年代后期，开始转型发展工业。农民的土地大都承包给一些种菜大户，腾出劳力务工赚钱。村里在回拨地上建起厂房，进行招商引资。进入21世纪，随着陈江圩镇的扩展，东升村已成为仲恺高新区第二产业的承接基地。在街道党工委的领导下，东升村划出1平方公里的土地建设工业园，先后引进一系列以平板显示、电子信息为主导的大型企业。其中，深圳市帝晶光电股份有限公司就落户此地，该项目占地约5万平方米，总投资约3亿元，2016年建成投产。2017年，根据仲恺高新区的规划，东升村成为357创新产业带的起步区（357创新产业带，即惠州仲恺高新区南部以省道357沿线为轴，东起仲恺陈惠侨中心区，西临东莞谢岗镇，北靠潼湖生态智慧区，南接惠阳镇隆镇，贯穿陈江、沥林，占地面积24平方公里的带状区域）。目前，东升片区共引进项目18宗（其中省重点项目2宗、市重点项目6宗），总投资约117.68亿元，年产值232.6亿元，实现年税收14.85亿元。

潼湖镇

岗里村

岗里村位于潼湖镇东部，东与琥珀村相接，北至东江边，西邻叶屋村，南至玳瑁村。省道120线、县道205线从该村经过，交通非常便利。

全村总面积3.5平方公里，下辖8个村民小组，常住人口

1872 人，有耕地 1500 亩，林地 60 亩。村集体年收入 7 万多元，主要以土地租赁为主，村民全年分红 1400 元/人。

岗里村至今已有 600 多年的历史。该村民姓氏主要为姓黄，黄姓先祖从福建信步迁移至博罗湖镇白土，随后再迁移至本地。该村村名的来历，主要是因地取名，当时村庄建在岭头顶岗周围，一条名叫观洞沥的溪流经过本村，故取名“岗里”，曾用名“江里”。

岗里村一角

岗里村村民为汉族，属客家民系，通用方言为本地话（畲话）。据 2015 年末统计，祖籍本村的香港同胞约有 580 人，英国同胞 5 人，美国同胞 18 人。

岗里村主要经济来源以农业生产为主，农作物有水稻、花生、番薯、甜玉米、优质蔬菜等。2017 年，粮食种植面积为 2000 亩，甜玉米种植面积 30 亩，甘薯种植面积 30 亩，淡水养殖面积 100 多亩，果树种植面积 900 亩。部分农民在耕种的同时，大力养殖鸡、鸭、鹅等家禽，以增加收入。

岗里村幸福院（也称养老院）

随着市场经济的不断发展，当前很多农户都把土地进行流转，承包给种田大户，每年只收租金。腾出的劳动力可在外面打工赚钱，这已普遍成为当下农民发家致富的门路。该村特色农产品有葡萄、香蕉，特色工艺品有竹编织品箩筐、鱼篓、菜篮等生活用品，传统美食有萝卜粄、酵团仔。

岗里村每年都要举行“点灯”仪式。大年初三买灯，初八点灯，初十五结灯。“灯”与男丁的“丁”同音，所以也叫“点丁”。按照风俗，凡在前一年出生的男丁，照例要在次年春节期间举行“点灯”仪式，大摆筵席，宴请宗亲兄弟饮“灯酒”，以这种风俗形式对新生男丁进行美好祝福，该文化传统相传至今。

该村现保存下来的传统建筑有黄氏宗祠和明朝私塾。黄氏宗祠建于清朝，占地面积约1000平方米，建筑面积300平方米。祠堂建筑特色主要以清代的建筑风格为主，因久经风雨，祠堂已多次进行修补、翻新。明朝私塾现在已更名为“幸福院”。2008年村里成立老人活动中心，为了给老人们找一个清静的娱乐场所，便把明朝时期遗留下来的私塾改为活动中心，对外称“幸福院”。这次改建，共投入资金2万元，占地面积达150平方米，每天有20多位老人在这里打牌喝茶聊聊天。为照顾好老人，村里还聘请了专职人员，在这里搞好卫生和防护工作。

岗里村能被评为革命老区村，关键是下辖的桥岗小组流淌着革命的基因。桥岗小组原为移民村，其村民是从惠东县新庵镇迁移此地的。1981年，因惠东县白盆珠水库建设，库区内新庵镇所辖的村民进行搬迁，于是落户桥岗。

在原址新庵的时候，因紧挨汕尾市海丰县，在革命战争年代，新庵是一片红色区域。1927年11月，被毛泽东称之为“中国农民运动大王”的彭湃在广东海陆丰地区领导农民武装起义后，建立了中国第一个苏维埃政权——海陆丰苏维埃政府。在这种形势影响下，农民革命风起云涌，毗邻海丰县的新庵人民纷纷投身革命。村民吴官林、吴帝生都是游击队员，先后参加过抗日战争和解放战争。有一次，吴官林和他的弟弟从部队回家探亲，快进入村子时，看到国民党的军队已悄悄把村子包围起来。因为村子是游击队员的根据地，很多战士平日里就在村里养伤或休整。兄弟俩赶紧抄近路跑回村子报信，结果吴官林被抓，并遭到残忍杀害。新中国成立后，该村被评为革命老区村。虽然搬迁到桥岗，但赋予革命老区村的荣誉称号一直没变。

新中国成立前，岗里村比较贫穷，许多人家吃不饱、穿不暖，一部分村民纷纷外出谋生。新中国成立后，在中国共产党的领导下，人民群众翻身得解放，自己当家做主人，打土豪、分田地，日子日益好过起来。特别是改革开放以来，全体村民在村“两委”班子的带领下，奋发图强，自力更生，全村的经济突飞猛进，村容村貌和村民生活发生了翻天覆地的变化。

2005 年，为发展集体经济，村委会开始平整东江边的砖厂，把那些坑坑洼洼的土地进行平整复耕。这次行动，共平整土地 400 多亩，其中可当作旱地的有 200 多亩，可作水田的有 200 多亩，每年为集体增加收入 2000 多元。

2007 年，为了让村民喝上自来水。村委会领导找到了旭日集团的总经理，请求援助。这位总经理年轻时曾在岗里村插过队，当过知青，岗里村人民待他如同亲人一般。如今岗里村有困难，这位总经理二话没说，立即让公司投入 20 万元，个人拿出 10 万元，帮村里建起自来水厂，让家家户户喝上放心水。2015 年，旭日集团再次资助岗里村，出资 30 万元翻新岗里小学，让学校的面貌焕然一新。

2010 年，为改善村“两委”办公环境，村里投入 20 万元，新建了占地面积 500 平方米、建筑面积约为 130 平方米的村委会办公大楼。

2012 年，为丰富群众文化生活，村里投入 60 多万元，建起了占地面积约 6000 平方米的文化广场，广场上设有灯光球场、表演舞台、乒乓球台及各类健身器材等。因岗里村离潼湖镇政府较近，所以每年镇政府举办的大型文艺活动，大都在岗里村文化广场举行。

2006年1月，岗里村被惠城区人民政府授予“文明村”称号；2006年7月，被中共惠城区委员会授予“先进党支部”称号；2011年1月，被中共潼湖镇委员会、潼湖镇人民政府授予“先进单位”荣誉称号。

新光村

新光村位于潼湖镇北部，距离陈江火车站27公里，村面积15.2平方公里，下辖16个村民小组，807户人家，总人口3815人。耕地面积4600多亩，鱼塘3000多亩，山林地3万多亩。村集体年收入约20多万元（不含各小组收入），村集体收入主要依靠土地、鱼塘和果树租赁，新光村是潼湖镇面积较大的一个行政村。

全体村民勤劳淳朴，外出劳务人员较多，而且多从事空调装修工作。下辖的新溪村小组，因大部分年轻人在澳门工作，故该小组也被称为“潼湖镇澳门村”。

新光村紧依东江河边，水陆交通方便。东江潼湖段长17公里，沿岸可建1000吨以下的深水泊位10多个。全村水资源丰富，村内有中型水库（观洞水库坐落该村）一座，小（二）型水库（在坑水库）一座，可充

新光村文化广场

分确保生产生活用水问题，对潼湖镇发展沿江经济起重要作用。

新光村农业产业发达，全村拥有农业生产基地30多个。其中农作物生产基地8个，面积达4000多亩，主要种植甜玉米、荔枝。新光荔枝品质优良，每年为新溪、上河、郑三、新春等村小组村民带来丰厚收入。该村水产品养殖面积1262亩，年产量达730吨。“三鸟”养殖户20多户，年产鸭蛋150吨，出栏肉鸭5万多只。

新光村被评为革命老区村，关键得益于下辖的郑三小组和珠江小组。这两个小组分别从河源、惠东搬迁过来，在革命战争年代都曾为革命斗争作出了巨大的牺牲。

郑三小组。原属河源市龙川县岩镇镇。岩镇位于枫树坝的上游，1970年修建枫树坝水库时，岩镇的人民需要搬迁，故搬到新光村。

在岩镇时，因山区多坑，当时那一块有9条坑，而姓郑的人家占据了第三条坑，故称“郑三”。解放战争时期，中国人民解放军粤赣湘边纵队（东江纵队主力北撤后留下的武装小分队发展而成）与国民党反动派进行了艰苦的战斗，郑三小组的人民群众积极为部队提供粮食、药品，搞好后勤补给。村民刘汉民为帮助革命战士伤病员养伤，费心尽力在山窝里搭了一个茅棚，将伤员背进去，安置好，日夜不停地照料他们。村民刘悦胜，17岁就参加了革命，为革命部队站岗放哨，传递情报。村里的富农刘丕浪，开有油坊，为革命部队提供了100多斤山茶油。当时郑三村村民大都和革命

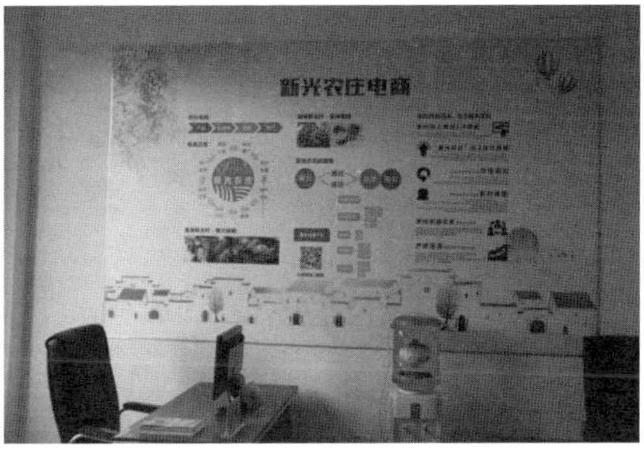

发展电商兴农

部队有亲密的接触，为革命部队作出了力所能及的贡献。因此，中华人民共和国成立后，该村被评为革命老区村。

近年来，在上级领导部门的全力支持下，移民扶持项目为郑三小组村民办好了 4 件大事。分别为：投入 30 万元，修建了占地面积 1000 平方米的文化广场；投入 20 万元，架起了村道路灯；家家户户接通自来水，对村道全面实行硬底化；为解决村小组办公场地问题，上级部门投入扶持资金 30 万元，建成一个占地面积 250 平方米的办公楼。

珠江小组。原属惠东县新庵镇松嶂角。1923 年，在附近圩镇高潭革命运动的影响下，农运的浪潮扩展到新庵镇的松嶂角，村里有很多农户参加了农会，年轻的小伙子大都参加了自卫队。广大村民一心一意跟着共产党，打倒军阀，抗击日本侵略者。因此松嶂角便成了游击队的驻地。村里有位叫吴水娘的烈士，20 岁就参加了自卫队。有一次，国民党军队对村庄进行“围剿”，他在给游击队送信时，不幸被国民党抓住。国民党对他进行威逼利诱，让他说出游击队的下落，他誓死不从，结果被国民党反动派杀害。还有一位村民叫刘佛滔，在一次战斗中壮烈牺牲；刘乃水，交通员，被国民党抓住活活打死，牺牲时不到 20 岁。据统计，当时村里有 100 多人参加了革命，不屈不挠地与国民党反动派展开长期的斗争。中华人民共和国成立后，松嶂角被评为革命老区村。

近年来，在上级领导部门的全力支持下，有关部门为珠江小组村民办好了 4 件大事，分别为完善水利设施、修建文化室建设、建起农家书屋、修缮农田抽水站。2015 年，有关部门投入 13 万元，为村小组建成一个占地 500 平方米的文化广场；投入 27 万元，安装了路灯，解决了村民夜间行走难的问题。

2015 年，新光村投入 200 多万元，建起了占地面积约 600 平方米，建筑面积 260 多平方米的办公楼；投入 30 多万元，建起了占地面积1500平方米的文化广场。村委会办公楼高三层，坐北向南，右边是村文化广场和老人活动中心，左边是村里的农贸市场，精神文明和物质文明齐抓共管，是历届村委会班子高度重视的工作。

五村村

五村村位于潼湖镇东南部，距陈江街道15公里，离惠州市中心30公里，全村总面积7.4平方公里，下辖4个村民小组，现有户数505户，人口2600多人。

五村村文化活动中心

五村村是省道120线潼湖镇沿路村委会之一，地理位置优越，全村现有企业3家。五村村有耕地面积2000多亩，鱼塘600多亩。村里主要经济来源：一是土地出租给承包商种菜或养殖水产品；二是种植果树增收。每年荔枝、龙眼、香蕉成熟后，可为村里增加一些收入。2017年，五村村集体年收入12.3万元。五村村的主要农作物有水稻、花生、甜玉米，因生长环境好，无公害，在市场上广受欢迎。

五村村被评为革命老区村，主要是因为下属的西湖小组，其村民在抗日战争时期为了革命的胜利作出了无私的奉献。

西湖小组位于潼湖镇东南部，总面积800亩，耕地面积约200亩，山林面积约500亩，水塘面积约6亩，旱地约90亩。现有人家48户，人口250多人。主要种植玉米、蔬菜、水稻、荔

五村村文体公园一角

枝、龙眼、香蕉等经济作物。

1938年，日军第一次从大亚湾登陆进犯华南，惠州陷落。日军在这里烧杀抢掠，其中在西枝江边一次杀了3000多人，制造震惊南粤的“沙下惨案”。日军的凶残，激起了中国人民的全力反抗。西湖小组年轻人张连在共产党的影响下，报名参加游击队。1939年9月，日军再次在大亚湾登陆，张连所在的游击队主动袭击日军，打死打伤日军多名，扩大了人民抗日军队的影响。村里的一位妇女苏兰珍也参加了革命，经常为游击队站岗放哨，传递情报，是一名出色的地下交通员。中华人民共和国成立后，这里被评为革命老区村。

近年来，为了让革命老区村脱贫致富，在上级领导部门的全力支持下，西湖小组对农田进行了综合整治，让机耕路贯通，成功引进种植户承包耕地，主要种植蔬菜；从潼湖水厂引进生活用水，供至每家每户，确保村民的饮水安全；开展农村环境卫生整治，设立公共垃圾池，聘请专职保洁员，较好地解决了乱、脏、差的问题；各家各户通了光纤、有线电视，丰富了村民的文化生活。

三和村

三和村位于潼湖镇东部，全村总面积16.8平方公里，辖13个村民小组，有800多户，总人口近6000人。三和村毗邻陈江街道和潼侨镇，省道120线穿境而过，具有良好的区位优势。

全村有耕地面积5870亩，山林面积6000多亩，鱼塘面积

三和村一角

3000 多亩。2017 年，村集体总收入 100 多万元。村内有日供水量 3 万立方米的水厂一座，水源引自观洞水库，丰沛充足。全村已实现“四通”（通电、通水、通路、通信），镇政府在三和村规划建立了一个工业小区，该工业小区位于省道 120 线旁的三和、寒塘和松柏三个村小组之间，该工业小区内已实现了“三通一平”。目前已有富士达针织、万丰纺织、圣丰纺织、专丰灯饰、奋发五金、昌泰皮革等 20 多家企业落户，初步形成了以纺织业为主的产业基地。

三和村农业生产基地

三和村是潼湖镇重要的农业生产基地之一，全村拥农业生产基地 30 多个，其中农作物生产基地 4 个，主要种植甜玉米和蔬菜，产品主要销往深圳、香港。“三鸟”生产基地 16 个，落户本村的惠州市天泽实业有限公司是国家级农业龙头企业，年产三黄鸡种鸡苗 800 万只，出栏三黄肉鸡 60 多万只。全村水产品养殖基地有 10 多个，产量达 700 多吨。

三和村能被评为革命老区村，主要是下属的杏园村在第一次国内革命战争时期，为中国革命事业作出了不朽的贡献。

杏园村是从惠东县新庵镇布心新四村搬迁过来的村小组。新庵镇在白盆珠库区，1959 年开始建白盆珠水库时，这里的村民开始移民。1982 年，布心新四村有 50 户人家，300 多人迁移到杏园。

第一次国内革命战争期间，受高潭革命运动的影响，布心新四村许多村民参加了革命，在中国共产党领导下进行的反对帝国主义、北洋军阀的斗争。当时，新四村组建有青年赤卫队，以谢荣宗、谢玉潭为首的七八名青年都参加了革命。他们开展了轰轰烈烈的土地革命斗争，并对国民党军的“围剿”进行了艰苦的游击战争。其中，谢荣宗在一次战斗中光荣牺牲。谢玉潭不仅自己加入了赤卫队，还将自己的儿子谢丙焕带到革命队伍中来。父子两人在战场上并肩战斗，共同打击国民党反动派。不幸的是，由于敌强我弱，他们父子在一次执行任务时，被国民党军队抓获。谢玉潭父子誓死不降，最后被一起杀害。还有一对革命夫妇，男人叫谢光英，妻子叫冯素芬，她曾是中国第一个红色政权高潭苏维埃政府的油印员，他们夫妇为党的事业作出了不可磨灭的贡献。

中华人民共和国成立后，为改变老区面貌，三和村加大了招商引资力度。1997 年，村里四处借资，再加上各级部门的帮扶，率先建起了自来水厂，日供水量达 100 吨，这在当时来讲是比较超前的。1998 年，杏园村率先改良 40 亩鱼塘，再把低洼地重新整治出 70 亩鱼塘，这总计 110 亩的鱼塘，每年可为村里增加 5 万元的收入。有了钱，再修村道。把昔日进出机耕路，均铺成水泥路，让车易进，货好出。

路通则财通。2013 年，LED 光子集团在该村投资办厂，占地面积 6. 8 万平方米，解决了部分村民就业问题。随着环境的不断改善，三和村已成为众多企业抢滩登陆的风水宝地。2015 年，三和村引进了亿纬新能源汽车项目，主要是新能源汽车制造，总计投资 300 亿元，第一期投入 21 亿元，在三和村购地 900 亩，招募村民进厂工作30多人。同年，海格（日出）天津上市公司在该村落户，租赁该村土地3.3万平方米，总计投入资金130亿元。目前，该公司有员工近千人，主要生产手机配件等电子产品。

村里有了钱，首先想到的就是造福村民。2015年，为丰富村民文化生活，村里投入60多万元，建起了占地面积约1000平方米的文化活动中心，文化活动中心配备有健身活动室、篮球场、图书室等。

杏园小组为了节约用地，解决村民住房紧张的问题，从2011年就开始谋划，在本小组内划出20亩土地，自建三栋平均高度为90米以上农民大厦，让村民洗脚上田，住进高楼内享受城市人的生活。如今第一栋楼房已经建好，共有22层，高度为72米，内建房屋120套。第二、第三栋也正在修建之中，将建成高99米，每栋32层的大厦。农民大厦建成后，将以本村村民自愿入住为原则，把腾出来的老村庄进行旧城改造，以增加村民的收入。据了解，目前全小组村民均有意愿入住大厦。

玳瑁村

玳瑁村位于潼湖镇东南方向，距离镇政府约2.3公里，村民大都姓张，在清朝年间迁移至本地。

玳瑁村面积4.6平方公里，下辖6个村民小组，户籍人口1700多人，实际在村人口不足千人。现有耕地面积270亩。因村庄地形似龟，故取“玳瑁”（跟龟类似的一种爬行动物）为村名。村民主要收入来源有农业、养殖业、村集体分红和外出务工收入。

玳瑁村被评为革命老区村，主要是因为下属的郑七小组。

郑七小组位于仲恺高新区潼湖镇玳瑁村东南中部，以种植业为主。总人口189多人，耕地面积180亩，山林面积180亩，水塘面积50亩，村小组集体每年收入20多万元。

玳瑁村村委会办公楼

郑七小组是移民村，村民大都姓谢，也有袁姓和叶姓。1972 年从河源市龙川县岩镇下郑黄埠径迁来。20 世纪 70 年代，为了修筑枫树坝水库，黄埠径的村民便搬迁到现在的郑七小组。

在黄埠径时，该村便是有名的革命老区村。1945 年日本投降后，在共产党的宣传发动下，黄埠径村有 8 个青年村民参加了革命队伍，有一位叫凌希明的革命战士，中华人民共和国成立后曾担任过贝岭区区长。当年，为了保护粤赣湘边纵队受伤的战士，村民谢继宏、杨英烈在围屋内清理出一间房来，天天为战士们站岗放哨，寻找食物。等受伤的战士身体康复后，要去龙川参加战斗，全体村民拿出家中所有的粮食，为部队凑齐了 600 斤稻谷，并用石磨磨成白米炒熟，作为随军干粮带在身上。为了减轻战士们的负重，村里组织人员把这 600 斤炒熟的大米，用箩筐担到了龙川，支持战士们打倒国民党反动派，解放全中国。

近年来，村里非常注重革命老区村的发展。在有关部门的全力支持下，区委、区政府及城区老促会为郑七村人民全力办好了几件大事，分别是：完善水利设施，疏通加固北截渠道，使田庄免受山洪冲刷，三面光水田渠道贯穿南北，实现自流化灌溉，确保种植业项目发展及结构调整的用水保障；硬底化水泥路修通至每个村小组，共 3 公里长，行路难问题得到有效解决；进行农田合理整治，机耕路贯通，有效地减轻了农民的劳动强度；成立农科服务组织，大力推进农科普及；实行村企共建，种植面积 120 亩；完善农村饮水工程，投资 10 多万元，供至每家每户，确保村民饮水安全；开展农村环境卫生整治，设立公共垃圾池，聘请专职保洁员，较好解决乱、脏、差的问题；丰富村民文化生活，投入数万元，建成一个占地面积300平方米的文化广场；投入75万元在全村进行有线电视改造。

现在的郑七小组发生了较大的变化，社会经济稳步发展，生活水平不断提高。

玳瑁村一角

为解决老人养老问题，2015年12月，玳瑁村把以前村里的粮仓（建于1956年，已有60年历史，每面墙上都有毛主席语录等遗迹）改造为农村幸福院，并于2016年初举行农村幸福院揭牌仪式。目前的幸福院不仅能作为老年人休闲娱乐的场所，还可以作为红色革命学习基地，让广大党员干部重温伟人的精神。

为解决村小学破旧不堪的问题，2014年，村委会在区财政部门支持下，筹集资金24万余元，对玳瑁小学进行重修，不但把道路硬底化了，还修好了篮球场和绿化带，让学生们有了一个完善的活动场地。现在上体育课的学生有场地可以跳绳、打乒乓球、羽毛球和篮球。此项举措，得到学生和家长的连连称赞。

为整治村容村貌，玳瑁村开展了“三清三拆三整治”行动。积极清理村巷道及生产工具、建筑材料乱堆乱放，清理房前屋后和村巷道杂草杂物、积存垃圾，清理沟渠池塘溪河淤泥、漂浮物和障碍物；拆除危旧房、废弃猪牛栏及露天厕所茅房，拆除乱搭乱建、违章建筑，拆除非法违规商业广告、招牌等；整治生活垃圾、生活污水、水体污染。经过整治，有效改善农村环境脏、乱、差的问题，农村环境面貌提到明显改善。

潼侨镇

金星村

金星村位于潼侨镇北面，辖7个村民小组，紧邻省道120线、新华大道，交通便利，资源丰富。全村面积3.5平方公里，有耕地1139亩，山地1200多亩。全村常住人口3226人。村民经济收入以种植、务工及土地出租为主。2017年，村集体收入33.2万元。近年来，金星村先后获得“先进基层党组织”“惠州市宜居示范村”“五好红旗党支部”“惠州市卫生村”“广东省卫生村”等荣誉称号。

金星村村委会办公楼

在大革命时期，金星村就有很多村民参加了农会，隶属惠阳县农民协会领导。农会会员主要任务就是以潼侨镇为中心，对地主豪绅开展减租减息运动，组织农民自卫军，维护农民群众的利益。同时，联合其他乡镇的农会会员，对势力强大的地主进行镇压。1926年，潼侨农民自卫军人数达到80多人，其中金星村就有11人，这里成了农会活动的重要基地。抗日战争时期，就整个潼侨镇来说，金星村最先成立了农民抗日同志会，主要是发展生产，为抗日的战士们提供粮食、衣物、食盐、草药等物资。1942年，日军曾对金星村进行过一次“扫荡”，游击队在白云前小组对日军打过伏击。

中华人民共和国成立后，金星村村民大力发展农业生产，全

金星村农业生产基地

村约有 1000 多亩山地被开发种植经济林，约有 400 亩的土地被种上甜玉米，一年两造，收入颇丰。为节约利用土地，在收完甜玉米的空余时间，继续种植水稻或者蔬菜，以增加农民收入。进入 21 世纪，村里开始招商引资，先后引进深圳树生源绿化公司、兆发农产品公司、利发电子厂等 20 多家企业在村里落户，不仅增加了村民的就业渠道，而且也带动了村集体经济的发展。

为了让村民过上更加幸福的生活，近年来，村委会在上级部门的大力支持下，完成了金星河道、河堤整治工程，硬化了全村 90% 的村道，完成了各村小组路灯亮化工程，建成了一站式综合便民服务站，修建了占地面积 3000 平方米的村级公园和一所卫生站，人民群众的生活质量得到明显提升。

沥林镇

企岭村

企岭村位于沥林镇南面，毗邻东莞著名的银瓶山风景区。全村面积 6 平方公里，辖 17 个小组，人口 2236 人，党员 87 人。现有山地面积 14237 亩，耕地面积 850 亩，龙眼、荔枝 5600 亩。2017 年，村集体收入约 35 万元，是惠州市荔枝专业村、沥林镇现代农业示范村。

企岭村素有光荣的革命传统，从大革命时期到抗日战争时期，再到解放战争时期，企岭村儿女积极投身革命，为革命和解放事业抛头颅、洒热血，为革命事业作出了巨大贡献，是惠州市有名

企岭村村委会办公楼

的红色游击区。1943 年，东江纵队领导叶锋（时任广东人民抗日游击总队惠阳大队政训室主任）、蔡子培（时任东江纵队第二大队大队长）等人到企岭村宣传抗日救亡活动，希望村民踊跃参军，共杀敌寇，仅这一次，就有 7 位村民参加了东江纵队。从抗日战争到解放战争结束，企岭村牺牲的革命战士就有 11 位。可查证的代表人物有：张金才，男，1916 年 3 月生，企岭村水流田村人，1943 年 6 月参加广东人民抗日游击总队，1944 年 8 月在企岭顶作战时牺牲，系东江纵队排长；张岩石，男，1917 年 9 月生，企岭村下陂村人，1943 年 3 月参加广东人民抗日游击总队，1944 年 5 月在企岭顶作战时牺牲，系东江纵队战士；张苟玉，男，1900 年 1 月生，企岭村水流田人，1943 年 2 月参加广东人民抗日游击总队，1944 年 9 月在企岭顶作战时牺牲，系东江纵队战士；张官保，男，1900 年 2 月生，企岭村下陂村人，1939 年 3 月参加惠宝人民抗日游击总队，1945 年 8 月在惠阳县作战时牺牲，系东江纵队战士。

近年来，企岭村积极推进生态建设和新农村建设，不断完善村道、路灯、自来水等基础设施，建成荔枝廉政文化公园，为村民提供了一个健身休闲的好地方。2017 年，住建部公布了全国 14 个省区第一批绿色村庄名单，企岭村位列其中。为打响“惠州市荔枝专业村”品牌，村里集资约 100 万元，于 2013 年 10 月底成立了利农荔枝专业合作社，主要出售新鲜荔枝、荔枝干、荔枝酒等产品，探索生产、加工、销售一条龙经营模式，寻找新鲜荔枝

企岭村一角

销路，开拓荔枝下游产品。当年村里卖出20多万斤荔枝，平均每户收入几万元，最多的农户可以赚10多万元。据了解，遇到荔枝丰收年，企岭村年产荔枝可达100万斤。

除了种好荔枝，企岭村还结合地利，种了1000多亩高山茶，目前已把高山茶场打造成一个观光旅游景点。同时，村里适度发展工业，引进企业10多家，解决本村村民近百人就业问题。当前的企岭村借助绿水青山优势，农家乐、生态农庄、观光农场在村里开了一个又一个，让村民看到了环境保护的经济效应。该村先后获得“广东省生态村”“惠州市美丽村”等荣誉称号。

君子营村

君子营村位于沥林镇的东南部，是以种植业为主的一个农业村。村域面积8.7平方公里，辖7个小组，总人口1557人，耕地面积约900亩，山林面积约9000亩，每年村集体收入约60万元。先后获得“惠州市生态示范村”“惠州市宜居示范村”“惠州卫生村”“仲恺高新区美丽乡村”等荣誉称号。

君子营村具有光荣的革命斗争传统和民族团结奋斗传统。在土地革命时期，在中国共产党的领导下，成立了农会，进行了打土豪、分田地、分粮食、分牲畜等运动，并建立了革命政权。抗日战争时期，发动群众积极参军，支援部队，在村里建立了革命武装。村里比较有代表性的革命人物有张权根和张玉球。张权根，1902年2月生，是君子营村中围小组人，1943年2月参加广东人民抗日游击队，1947年7月在企岭作战时牺牲，牺牲时是惠东宝人民护乡团武工队长。张玉球，1920年2月生，君子营村下角小组人，1943年3月参加广东人民抗日游击总队，1949年2月在惠阳县坪山被国民党反动派杀害，牺牲时是惠东宝人民护乡团战士。

君子营村一角

近年来，君子营村一手抓工业发展，一手抓农业建设。在工业方面，先后引进台湾国威运动器材有限公司、深圳市尚模集团、香港城晖集团等多家知名企业在村里落户。特别是台湾国威运动器材有限公司，这是一家规模较大的企业，占地面积约18万平方米，公司高峰期员工达3000多人，极大增加了村集体的收入。在农业方面，君子营村大力发展“三高”农业，大面积种植供港蔬菜，收到了良好的经济效益。为建设社会主义新农村，君子营村在各级各部门的大力支持下，投入资金分别建起了老人活动中心、村文化广场、村卫生站等惠民利民设施。对村组之间的道路全部实现硬底化，并配备专职保洁员7名，负责村道路、水沟等方面的卫生治理。同时，设立治安亭1处，共有治安员6名，加强了社会治安综合治理。

君子营村农业生产基地

泮沥村

泮沥村位于沥林镇东面，面积 6 平方公里，辖 13 个村民小组，总人口 2441 人。经济发展以工业为主、种植为辅，共有企业 80 家。全村完成村道水泥硬底化及安装有路灯，自来水普及率、卫生厕所普及率、村民合作医疗覆盖率均达到 100%。2017 年村集体经济收入 150 万元，人均收入 2.1 万元。泮沥村先后被获得“惠州市社会主义新农村建设示范村”“惠州市生态示范村”“惠州市文明村”“惠州市固本强基先进基层党组织”“五好红旗基层党组织”等诸多荣誉称号。

泮沥村村委会办公楼

泮沥村在大革命时期，就成立了中国共产党的组织。当时的党组织领导农民进行土地革命，并成立了农民自卫队，隶属惠阳县农民自卫军领导。1928 年，受国民党反动派镇压，泮沥村的农会队员纷纷参加革命，加入游击队，成为真正的革命战士。在抗日战争期间，1945 年 2 月，泮沥村曾受到日、伪军的一次“大扫荡”，日军从泮沥返回镇隆时，遭遇到东江纵队第二支队的伏击。这次激战，泮沥村的群众及时为东纵战士们提供食品，帮助救治伤员。战斗从早上一直打到黄昏，在军民的配合下，共击毙日、伪军 10 余人。泮沥村参加革命的代表人物有温志高、温志仁、温兆记，他们都是老围小组人，在东江游击队宣传抗战时一同参军，成为游击队员。还有钱屋小组的张章太，她是一名女性，也参加了游击队。

泮沥村所获的奖杯

近年来，村里加大投入力度，为村民办了一系列的好事实事。基础设施建设方面，十几年来，泮沥村通过各种途径筹集600万元完善近18公里的村主干道和组道；经济发展方面，发展和壮大红头葱等“三高”特色农业，其中红头葱获得“惠州市特色产品”称号；创新实行村民募股建厂房，增加村民收入。目前全村有厂房面积10544平方米，仅此一项，村集体年收入就近100万元。服务民生方面，开创了全镇多个“第一”：第一个建成规范的村医疗站、第一家老人活动中心、第一家农家书屋等，为丰富村民体育活动，还成立了篮球协会，建好了6个村组的篮球场，持续22年举办春节篮球比赛。如今的泮沥村，村容村貌优美，村风民风良好。

附　录

附录一 革命英雄人物

廖仲恺

廖仲恺（1877—1925），原名恩煦，又名夷白，广东归善县陈江镇鸭仔埗乡窑前村人（今广东省惠州市仲恺高新区陈江街道幸福村）。伟大的爱国主义者、中国民主主义革命的先驱。

廖仲恺像

1877 年 4 月，廖仲恺出生于美国旧金山，年少时多目睹华人饱受不公待遇，加之父亲廖竹宾从小的爱国主义教育，使得廖仲恺自小就有浓浓的爱国主义情感。1896 年，廖仲恺前往香港皇仁书院求学。1897 年，廖仲恺与香港地产商何炳恒的女儿何香凝结婚。1903 年 1 月，带着强烈的救国之心，廖仲恺前往日本寻求救国救民之策。临走前，他对何香凝说：“国家危险至此，我们岂能坐视？日本留学界朝气蓬勃，志士云集，我也想东渡求学，结交革命贤豪，共图大业。”①

1903 年 9 月，因在一次留学生的聚会中被孙中山的演讲所吸

① 引自《仲恺往事：人月双清（1897—1902 年）》。

引，廖仲恺夫妇在黎仲实的带领下正式拜访了孙中山。在交谈中，二人被孙中山所折服，决定参加民主革命，建立民主共和的国家，也正是从这天开始，廖仲恺成了孙中山的忠实追随者。1905 年 8 月 20 日，中国同盟会在东京成立，当日廖仲恺因公事不在现场。9 月 1 日，回到东京，当晚即宣誓加入同盟会。

1909 年，廖仲恺学成回国。1911 年辛亥革命爆发后，廖仲恺作为孙中山的亲密战友始终陪伴在其左右。广东光复后，廖仲恺应召担任广东军政府财政部副部长。当时，广东军政府的财政极为艰难困顿，为寻找各种缓解财政窘况的方法，他常与都督胡汉民磋商至深夜。历经半年之久，财政窘状才得以改善。1912 年 5 月，廖仲恺出任财政司司长，他不仅努力革除财政司弊政，还想方设法整顿广东纸币、稳定金融市场。经过努力，到 1913 年 8 月广东省“库中存现洋七百余万，另纸币数百万，此为民国以来财政当局所未见之现象”。1917 年，孙中山发动护法运动，廖仲恺“借入现款供护法用者，综计一百三十九万二千七百元”，保证了参加护法的海军舰队官兵及议员 120 多人能及时抵达广州。1921 年，孙中山就任中华民国非常大总统，廖仲恺被任命为财政次长代行部长之职，全力整顿财政。当时广州的《英文时报》这样评价他的工作：“廖仲恺君，本精治计学，又以公正洁白之诚整理粤局，故虽在创巨痛深之后，而广东财政前途仍大可乐观。”

1923 年 5 月，为配合建立国共联合战线，孙中山调任廖仲恺为广东省省长，以加强对广东革命根据地和改组国民党的准备工作的领导。1924 年 1 月 20 日以国共合作为主要内容的中国国民党第一次全国代表大会召开，廖仲恺被孙中山指定为广东省三代表之一，并担任了大会的党务审查委员会委员、国民党章程草案委员会委员。在整个改组过程中，国民党内部存在着一些人员因为个人私利问题，极力反对改组，但是廖仲恺在国民党改组的整个过程中“是始终赞助最力的一人”，是国民党改组的坚强支柱。

1924 年，孙中山决定建立一所军校来支持革命事业，黄埔军校筹备委员会因此成立，孙中山任命廖仲恺为黄埔军校的党代表。为解决军校的武器奇缺以及资金不足等问题，廖仲恺东筹西拼，跑南跑北。后来担任黄埔军校学生总队长、军官团团长的张治中曾深情回忆起廖仲恺苦心筹款的情况，并总结说：“廖仲恺先生真是‘黄埔的慈母’。”

1925 年 3 月，孙中山在北京病逝，国民党为此开始陷入一种群龙无首的局面，右派与左派之间的斗争也开始白热化。廖仲恺作为国民党内部典型的左派代表，作为孙中山的“革命志愿之继承者”，一直秉承孙中山的联俄、联共、扶助农工三大政策，紧密联系共产党人，支持工农运动，此时的廖仲恺已经成为“无产阶级的好朋友”。1925 年 5 月，廖仲恺撰文《革命派与反革命派》，对国民党老右派进行回击和批评，使他们深受刺激。同年 6 月，共产党领导发动省港大罢工，廖仲恺对此给予了积极的支持，并且还亲自担任了大罢工的顾问，与罢工领导人一起研究情况，商议对策，维护工人权益，抵制敌人的破坏活动，办理有关交涉和筹集救济款项等事宜。

廖仲恺对共产党的紧密联系、对工农运动的大力支持以及对国民党右派的有力抨击等正义行为，引起了国民党右派的强烈不满。很快，国民党右派就与帝国主义、反动政客纠结在一起，密谋对付廖仲恺。1925 年 8 月，在国民党的一次会议上，坐在廖仲恺身旁的汪精卫给他写了一张条子，告诉他有人将对他不利，他当即表示：“为党为国而牺牲是革命家的夙愿，何有顾忌！”8 月 19 日，又有人以确切消息告诫他，廖仲恺慨然说道：“值此党国多难之秋，个人生死早已置之度外，所终日不能忘怀者，为罢工运动及统一广东运动两问题尚未解决！”这一天，他又为工作忙碌到深夜。20 日早晨，廖仲恺与何香凝前往国民党中央党部开会，在踏入会馆门前，突然遭到多名歹徒袭击，廖仲恺躲避不及，身中四枪倒地，在送往医院的途中与世长辞，年仅 48 岁。

邓演达

邓演达（1895—1931），字择生，广东惠阳永湖乡（今惠州市惠城区三栋镇）鹿颈村人。

邓演达像

1909 年入广东陆军小学堂，曾参加辛亥革命。1919 年保定军校毕业。1920 年后，历任粤军第一师参谋兼独立营营长、第三团团长。曾两次率兵讨伐陈炯明叛军，深得孙中山信任。1924 年 5 月任黄埔军校训练部副主任，后任黄埔军校教育长。1926 年 1 月当选国民党候补中央执行委员。7 月任国民革命军总政治部主任，随军北伐。历任国民党中央执行委员、中央政治委员会委员、中央军委主席团成员和中央农民部部长等。1927 年四一二反革命政变发生后曾著文谴责蒋介石、汪精卫，并与宋庆龄等展开反蒋活动。1931 年 8 月在上海被捕，11 月 29 日晚被秘密处决于南京麒麟门外沙子岗，时年 36 岁。

少年时代的邓演达耳濡目染中国外受帝国主义的野蛮侵略，内受清封建王朝的残酷压迫和剥削，人民陷于水深火热之中的痛苦，从小就萌生了立志学习军事，做一个出色的为中华民族服务的军人以报效国家的愿望。

1907 年，孙中山领导的惠州七女湖起义使他受到了更大的激励。1909 年，14 岁的邓演达考入广东黄埔陆军小学堂，编为第四期学生。同期学生中邓演达年龄最小，但聪颖过人，学习成绩最好，在同学中有“铁汉”之称，为校长邓铿所赏识，并被吸收为同盟会会员。

1911 年 4 月 27 日下午，黄花岗起义的枪声震撼着黄埔陆军小学堂的每个角落。陆军小学堂的同盟会会员本来受命于 4 月 29 日配合起义，因提前起义失败，未及执行命令。10 月 10 日，武昌起义爆发，14 个省市立即响应，宣告独立。广东陆军小学堂也成立了革命军，邓演达与郭冠杰等人被派往汕头，住在致安街长发祥客栈待命，随后参加姚雨平领导的韩江第四军。邓演达等人到了汕头之后，与当地义军会和，分三路分别进攻警察局、水巡局和炮台。清朝官兵闻风而逃，未及交锋就缴获 100 多支枪。潮汕之役胜利后，成立了以革命党人为主体的广东军政府。黄埔陆军小学的学生军从潮汕回到广州后，邓铿派邓演达到黄顺和统领的民军当教官，把民军训练成正规的革命军。16 岁的邓演达当教官，在革命军中成为佳话。

1913 年，邓演达从广东陆军速成学校学习一年后毕业。适逢孙中山发动讨伐袁世凯的“二次革命”，邓演达精神振奋，立即参加了由邓铿策划，以林震为总监的北伐军兵站总监部卫队营，任第三连连长，积极投入北伐准备工作。由于炮兵叛变，反袁北伐军未及行动而告解散。各地反袁起义亦接连失利，不到两个月，“二次革命”就以失败告终。

1927 年 2 月，邓演达在为中国共产党中央宣传部直接领导的全国性日报——《汉口民国日报》写的社论《大家应该注意的是什么?》一文中，总结了辛亥革命失败的教训，指出解决农民问题的重要性。他说：“中国国民革命成功的重要条件，在农民的解放。”“中国被压迫的农民在百分之八十以上，中国的革命，就应该有代表这百分之八十以上劳苦民众要求的实在性。”“辛亥年革命失败的结果教训我们：如果我们的党，不能够把实际的利益给广大的痛苦群众，尤其是给农民群众，革命一定是要失败的。”

青主

青主（1893—1959），原名廖尚果，惠阳县府城（今惠城区桥西街道）人，中国著名音乐家、作曲家、美学家、翻译家。

青主从小喜欢音乐，在广东陆军小学堂读书时，每逢整队游行，他总是吹着“洋号”走在队伍前头。他不仅喜欢音乐，还热衷于政治。1911 年，青主参加辛亥革命，并参加了进攻潮州府的武装行动，亲手枪毙了潮州一个姓陈的知府，因而获得一块刻有“革命军功”的银质勋章。

青主像

青主于 1912 年被广东军政府选派到德国留学，1922 年回国，历任广州国民政府大理院推事，黄埔军校校长办公室中校秘书，国民革命军政治部上校秘书，广东法官学校校务委员会副主席，第四军政治部少将主任。

1927 年 12 月广州起义失败后，青主被国民党通缉。他隐姓埋名，开始了署名“青主”的自称“亡命乐坛”的生活。在老同学、上海国立音乐专科学校校长萧友梅的帮助和掩护下，青主担任校刊《音》及学术刊物《乐艺》的主编。

在此期间，青主撰写了《给国内一般音乐朋友一封公开的信》《我亦来谈谈所谓国乐问题》《音乐当作服务的艺术》等 60 多篇音乐评论和随笔，表达了他对中国现实音乐生活的关心。他所编写的两本音乐美学著作——《乐话》（1930）和《音乐通论》

（1933），是中国近代音乐史上较早集中探讨音乐美学问题的代表性论著。青主的代表作《大江东去》《我住长江头》自诞生以来，就以独特的艺术魅力深受人们的喜爱，成为当之无愧的经典，并成为“20 世纪华人音乐经典”入选曲目。

1934 年，经蔡元培等人的多方努力，国民党政府取消了对青主的通缉令，青主得以恢复原名廖尚果并公开露面。此后，青主也基本上脱离了音乐界，先在欧亚航空公司等处任职，后来从事德文教学及美学著作编译工作。青主晚年任教于同济大学、复旦大学及南京大学，1959 年于上海逝世。

许武

许武（1926—1949），原名许连芳，惠阳县芦岚区（今惠城区芦洲镇）岚派乡人。父亲许腾颜，因家贫只身漂洋过海到南洋做苦工谋生。1932 年，许腾颜病逝异乡。母亲叶素风在家靠做零工度日，1935 年去世。许武年仅 9 岁便成了孤儿，由其叔父抚养。许武读完小学五年级便辍学在家，帮助乡亲放牛，以减轻叔父的负担。同时，他利用晚上的时间，在地下党举办的青年夜校读书。

1947 年，中共地下党秘密发动青年参加游击队。一天，许武和同村的许兆文冒雨来到村中的广益小学，找到地下党员庆春老师，要求参加游击队。庆春见他们态度坚决，便答应了。1948 年，许武与许兆文到博罗县罗溪营村参加了邓子庭率领的英勇队。报到的当天晚上，部队便遭到保安队的袭击，和他们一起参队的个别青年当晚便逃跑回家。在编班报名时，许武将自己的原名许连芳改名为许武。有人问他为什么改这个名，他笑眯眯地说：“从今天起，我们是干武的了，所以就叫许武。”

许武所在的中队活动于博罗、龙门、河源一带的山区，经常与国民党的保安队进行激烈的拉锯战，有时也主动出击，经历大小战斗有30多次。在历次战斗中，许武作战勇敢，不怕牺牲。粤赣湘边纵队成立后，许武所在的中队改编为第三团第二营第二连。在配合兄弟部队解放紫金、海丰、陆丰等县城的战斗中，许武始终保持饱满的战斗热情，如在打击汕尾镇的敌军时，连续战斗了两天，后因敌人有援兵而撤退；接着解放梅陇镇，他从早上战斗到黄昏，连续三天两夜未休息。1949年6月，许武光荣地加入了中国共产党。

1949年7月，泰美的国民党驻军向许武所在部队发动攻击，许武和6名战士壮烈牺牲。

李丑

李丑（1927—1949），原名李观丑，惠阳县横沥区（今惠城区横沥镇）沙光村人。李丑家境清贫，仅靠租种地主的土地度日。

1947年春，共产党领导的人民武装在东江地区开展斗争，李丑参加了江北武装飞鹰队。不久，他随部队到惠阳盘石收税，碰上从博罗观音阁、泰美两地前来夹击的敌人，部队被迫迎战。李丑虽然首次战斗，但在强敌面前毫无惧色，英勇作战。最后，部队突破了敌人的包围圈，撤到安全地带。不久，李丑被提升为副班长。

1947年12月，部队从麻陂到杨村大岭下掩护税站的同志收税。李丑率领尖兵班先行。当尖兵班经过一处山径时，突然发现山径里有反动地主武装埋伏。李丑便先发制人，一举把敌人打散。李丑因表现突出，升任班长。

1948年3月，李丑光荣地加入了中国共产党，并调到猛虎大队任小队长。5月，猛虎大队驻扎在象头山的营地，遭到地主武装部队的“围剿”。为了有效打击敌人，李丑和战友们一起据守在山头，待敌人冲到50米左右的距离时，一齐向敌人开火。战斗进行半个多小时，敌人依仗人多，从各个方向拼命往上冲。李丑带领少部分战友绕到敌人的后侧，对敌人发起猛烈冲锋。敌阵大乱，狼狈逃窜。

1949年5月，部队抽调骨干力量组建粤赣湘边纵队独立第三团，李丑被编入该团第三营第二连第三排任排长。这时，解放战争接近全面胜利，部队已转入夺取县城和大规模打击、消灭国民党反动军队及反动地主武装的阶段。9月初，独立三团驻扎在观音阁十字路，遭到敌人围攻。李丑和战士们越战越勇，一举消灭了10多个敌人。我军的机枪手中弹牺牲后，李丑接过机枪，跃到阵地的前面，向敌人扫射。敌人集中火力向他猛射。中午12时许，李丑不幸头部中弹，壮烈牺牲，时年22岁。

林修

林修（1925—1948），惠城区三栋镇陶前村人。他小学毕业后，因家境清贫，无法继续读书，便到一家山货店打工。

1942年，三栋一带游击队活动频繁。年仅17岁的林修，经常和游击队接触，受到了教育。1943年1月，他毅然辞退了工作，参加了游击队。他被编入飞虎队任文化教员，活动于三栋、麻溪、秋长、新圩、坪山等地，经常给游击队队员上文化课，往《战斗报》投稿，写传单、编墙报，把部队的文化生活搞得很活跃。同时，他还向群众宣传抗日思想，组织抗日活动。1944年4月，他光荣地加入了中国共产党。

1946年元旦，林修母亲托人叫他请假回家，意欲劝他结婚。他对母亲说，现在人民还在受苦受难，他还年轻，待全国解放后再结婚也不迟。可母亲执意要他留下，林修只好简单地办了婚事。

婚后第三天，林修就赶回部队了。

1947 年 6 月，部队进行整编，林修担任惠东宝人民护乡团第一大队第一连指导员。1948 年 8 月，部队在惠阳宿营时，获悉徐东来特务排将于 14 日由稔山押运 5 车物资到坪山。部队决定在稔坪公路中段铁马关处进行伏击。铁马关是沿山崖子开凿出来的，是伏击的好地方。14 日 11 时许，从稔山方向驶来的敌人汽车进入伏击圈，“轰隆”一声巨响，汽车被地雷炸毁，卡车上的敌人血肉横飞，火力随即密集射向敌人。这次战斗共歼敌 50 多人，炸毁敌汽车 5 辆，缴获枪支 40 余支、子弹 5000 余发及军用物资一批。在这次战斗中，林修作战勇敢，带头冲锋，立下战功。

稔坪公路伏击战后，部队准备围攻多祝圩，该处有敌人一个连和税警队一个排驻扎。部队决定，林修率领一团飞虎连攻打外围之敌。8 月 19 日清晨，战斗打响，枪声、手榴弹爆炸声交织在一起，硝烟弥漫，战斗十分激烈。敌人凭借碉堡，负隅顽抗。部队久攻不下，战士亦有伤亡。此时，林修身先士卒，带领战士冒着枪林弹雨向敌人碉堡猛烈冲击，不幸身中数弹，血流如注，但他还紧握着机枪，向敌人猛射。终因伤势过重，壮烈牺牲。

黄新平

黄新平（1931—1948），惠阳县芦岚（今惠城区芦洲镇）人。因家境困难，黄新平只读了两年小学便在家务农。

1946 年夏天，受革命队伍的影响，黄新平参加了桂西北大队（代号黄虎队）当战士。当时，桂西北大队作战相当频繁，作为新兵的黄新平吃苦耐劳，冲锋在前，从不叫苦叫累，执行任务时从不计较个人得失。1947 年 1 月，黄新平等人在龙门坳一座山头放哨，掩护平陵税站的战士在公路上收税。国民党龙门县警大队派出一个中队 80 余人前来袭击。黄新平等人掩护税站的战士安全撤退后，不料敌人已抢先切断他们的后路，并分兵包抄过来，形成上下夹击之势。黄新平和他的战友们临危不惧，沉着应战，跟敌人周旋。战斗从下午 1 时持续到傍晚 6 时许，击毙敌人数人。黄新平由于作战英勇，很快便升为副排长，并光荣地加入了中国共产党。

1948 年 2 月，团政委黄干要挑选一名警卫员，因黄新平忠诚、勇敢，便决定由他担任。黄新平到团部以后，一有空余时间就学习文化和练习手枪射击。5 月，博罗县委组织部部长何励等人要到官山开会，政委黄干考虑到当时的斗争情况复杂，便主动派黄新平担任警卫工作。开完三天的会议后，何励等人便启程返回陈禾洞。当时何励居中，前面是黄新平，后面是其他同志。当他们走近陈禾洞时，发现山上布满了敌人。原来因为叛徒的出卖，他们的行踪已被国民党保安团掌握。黄新平机智地掩护何励等人从原路往回撤退。敌人一边向他们射击，一边大叫："把他们活捉起来!"黄新平掩护何励等人退了 100 多米，随即跃身跳进路旁的山沟里。黄新平知道何励身上带有地方党组织的党员名单，便下定决心保护何励的安全，不让名单落在敌人的手里。为了转移目标，他独自一人沿着山沟往陈禾洞方向移动。

敌人看见黄新平肩上挂着挎包，又使用驳壳枪，以为他是部队的指挥员，便把注意力转到他身上。黄新平也有意向敌人开火，把敌人吸引到自己这边来。黄新平携带的子弹打完了，身上也负了重伤，敌人不知底细，不敢接近，只用机枪朝他隐蔽的地方猛烈扫射。上午 9 时许，黄新平牺牲了，年仅 17 岁。

曾澄贵

曾澄贵（1926—1948），惠阳县三栋区（今惠城区三栋镇）坝山口乡人。全家靠租种地主两亩薄田为生。曾澄贵 11 岁才入初小读书，14 岁父亲病逝，他被迫中途辍学，给别人打短工。

1942 年 1 月，日寇第三次侵犯惠州，三栋区沦陷，日寇实行惨无人道的“三光”政策，村民遭屠杀，房屋被焚烧，财物被抢光。日寇的野蛮侵略暴行激起曾澄贵胸中的愤怒，他决心参加部队，把日寇赶出中国。

1944 年 2 月，曾澄贵参加了三栋乡抗日自卫大队，积极开展抗日救亡工作。1945 年 3 月，曾澄贵加入了中国共产党。不久，曾澄贵被调到东江纵队第二支队当队员，在三栋、麻溪、秋长等地开展活动。1945 年 5 月，日寇再次入侵三栋、坝山口等地，曾澄贵回到三栋乡协助曾乙生开展工作，组织抗日武装，夜间偷袭日军，打击地方反动势力，维护社会治安，同时开展退租减息运动。

抗日战争胜利后，国民党反动派发动了内战，疯狂镇压革命力量，逮捕游击队员。这时，曾澄贵等人按照党的指示，于 1945 年 12 月 10 日转移到香港。1946 年 6 月，曾澄贵从香港回到三栋区开展秘密活动。1947 年 6 月，惠东宝人民护乡团成立。8 月，三栋区成立武工队，曾澄贵任武工队小队长，发动并带领人民群众开展退租退押、清匪反霸的斗争；动员当地青年参加惠东宝人民护乡团，还为惠东宝人民护乡团等筹集经费。

1948 年 8 月，曾澄贵带领武工队员前往永湖圩收税。在路上，他们与国民党军队相遇，曾澄贵命令其他队员隐蔽起来，自己留下掩护，并趁敌人慌乱之机，边还击边撤退。他飞奔到永湖河边，纵身一跃，潜入永湖河。当曾澄贵潜游到河中间露出头来呼吸时，被敌人发现。敌人用机枪、步枪疯狂朝他扫射，他不幸中弹牺牲，鲜血染红永湖河。

翟信

翟信（1911—1964），惠阳县横沥镇（今惠城区横沥镇）人。东江纵队宝安大队代理大队长，广东军区北江军分区副司令员。

1929年任中共惠阳县委政治交通员。1930年加入中国共产党。1931年任中国工农红军第十一军第四十八团连长、参谋、直属第二大队大队长，奉命率部开辟新区，开展潮阳、澄海平原游击战，使红色区域得到新的发展，为建立苏维埃政权，开展土地革命作出贡献。1935年夏，东江地区土地革命失败后，转移到香港。1940年任广东人民抗日游击第三大队手枪队队长、中队长，在黄潭反击日军进攻中负重伤。1946年6月底，翟信随东纵北撤山东解放区，参加过豫东、济南、淮海、广东等解放战役。全国解放后，先后任广东军区珠江军分区副参谋长，北江军分区副司令员等职。1964年在博罗县杨村病逝。

翟信一生中最惊险的经历，就发生在黄潭战斗中。1940年8月，曾生、王作尧根据党中央的指示，部署东移部队从海陆丰秘密返回惠、东、宝抗日前线。

11月初，厚街、桥头的日军出动一个加强中队和一个炮兵分队200多人进犯我大岭山地区。敌军10多人为先行部队，于拂晓时闯入大迳村。当时第三大队转移来到黄潭村，部队才吃完早饭，就有两个农民跑来报告，说有10名日军在大迳村抢东西。当时大队领导立即下令翟信率领手枪队向大迳村出击，将敌人消灭。

大迳村位于黄潭的西南部，中间有一片开阔地。手枪队在进入大迳村头时，被敌人发觉，随即双方互相开火。激战中，手枪队队长翟信受重伤。在此情况下，第三大队后援部队及时赶到，迂回大迳村，从左侧向日寇攻击。此时，日军的后续部队也迅速赶来，双方展开拉锯战。这次战斗从上午8时一直战斗到中午12

时，由于敌众我寡，第三大队只好撤至黄潭后面山坡上，掩护群众安全转移。敌人占领黄潭村后，进行了“三光”政策，当时黄潭村火光冲天，群众大量财物、牲畜被抢光。这次战斗，第三大队打死打伤日寇60多人，第三大队伤亡10多人。

谭家驹

谭家驹（1915—1941），惠阳县横沥镇增湖村（今惠城区）人。1935年考入中山大学，1937年参加抗日救亡运动，同年加入了中国共产党，先后担任广东青年抗日先锋队总部委员、博罗县二区区长等职。1941年9月在东莞遭汉奸杀害，时年26岁。

谭家驹的父亲是一个小学教师，对他管教很严。1935年，谭家驹考上国立中山大学理学院。在中大读书初期，谭家驹发奋读书。有一次，谭家驹和同学们听一位学长宣讲抗日救亡的道理，这让谭家驹热血沸腾。这位学长叫黎元杰，很快，谭家驹便与黎元杰成了朋友。在黎元杰的影响下，谭家驹如饥似渴地学习马列主义，思想得到了升华。从此，他积极投身抗日救亡运动，并于1937年春加入了中国共产党。

1938年1月1日，广东青年抗日先锋队成立，谭家驹被选为抗先队总部委员。1938年10月12日，日军在惠阳大亚湾登陆，淡水、惠州、广州相继陷入敌手。广州沦陷前，抗先队根据中共中央的指示，有组织地进行战略大转移，将临时召集起来的500多名队员分别组成东江、西江、北江和中区4个区队，东江区队队长是谭家驹。

1939年1月，抗先队到达惠州，工作刚开始，谭家驹就接到组织的指示，要他利用其父亲的影响，打进国民党博罗县政府工作。1939年春节过后，谭家驹带着妻子到博罗县上任，任二区区长。谭家驹在博罗工作期间，二区的基层政权全部由中共掌控。

1940 年 2 月，国民党军撤掉谭家驹的区长职务，掀起“反共”高潮。谭家驹在惠州也遭国民党通缉，被迫转移到宝安游击区。1941 年春，党组织决定派谭家驹到东莞筹建中山书院，主要任务是培训农村基层骨干和为游击队输送新生力量。后来，由于国民党的“围剿”，中山书院被迫停办。

1941 年 9 月，日、伪军联合向东莞大岭山根据地进犯，因敌强我弱，主力部队决定撤出东莞。在这种情况下，谭家驹与地方党的其他同志一起准备撤到东莞厚街一带。一天晚上，他们在投宿时，被汉奸地主杀害。

附录二

革命史迹

邓演达故居

邓演达故居坐落在惠城区三栋镇鹿颈村，2002 年 7 月被列为广东省文物保护单位，故居室内陈列着有关邓演达的图片资料以及一些遗物。

处于保护中的邓演达故居

邓演达，中国农工民主党的创始人，中国近代杰出的民主革命战士和伟大的爱国主义者，著名的政治家、军事家，中国共产党的亲密战友。1895 年 3 月 1 日出生在惠阳县永湖乡鹿颈村（今惠城区三栋镇鹿颈村）。1905 年，10 岁的邓演达跟随父亲到惠阳重镇淡水上学。1907 年革命党人在惠州起义，邓演达深受启迪，萌发了立志学习军事，做一个为国家为民族服务的军人的想法。1909 年，14 岁的他考入广州黄埔的广东陆军小学堂，为第四期学生，学习期间加入中国同盟会。在同学中他年最幼而聪颖过人，每次考试都名列前茅，为师友所惊奇，尤得革命党人邓仲元器重。加入同盟会后，积极追随孙中山进行革命，1911 年秋参加辛亥革命，初露头角。中华民国成立后，先后就读于广东陆军速成学校、武昌陆军第二预备学校和保定军官学校。1919 年于保定军官学校毕业后正式走上从军道路，先后任粤军第一师独立营营长、第三团团长，黄埔军校训练部代理部长兼学生总队长、教育长，国民革命军总司令部政治部主任，武汉行营主任，湖北政务委员会主席，国民党中央委员会、中央政治委员会委员兼农民部部长等职。后来蒋介石叛变革命，邓演达于 1930 年在上海组织了中国国民党临时行动委员会，反对国民党南京政府。由于叛徒的出卖，1931 年 11 月 29 日被国民党当局逮捕并秘密杀害。

梅花馆

梅花馆，东江华侨回乡服务团总团部，旧址位于惠城区桥西街道金带街 3 巷 7 号。

梅花馆始建于清代，是张友仁的祖居。张友仁出生于清光绪三年（1877）十一月一日，惠州府城人。青少年时，张友仁勤奋读书，成为清末贡生。

破旧的梅花馆

张友仁在广州读书时，常与就读于广东法政学堂的陈炯明谈论时事，对腐败的清朝政府颇为不满。1905 年，张友仁毕业后，历任惠城、博罗、文昌等地中小学教员、校长。1900 年，八国联军陷北京，惠州三洲田起义。张友仁在其自传中写道：“惠州三洲田起义及孙中山先生的‘天下为公’，对我的一生影响最大。”

1911 年，张友仁加入孙中山成立的中国同盟会。辛亥革命后，张友仁历任海丰县长、福建龙溪县知事、东江财政局长、广东省公路处长等职。1926 年在香港加入中国致公党。从政期间，张友仁热衷修路，被称为“公路迷”。当时广东的公路网，基本上就是张友仁任广东省公路处长的时候划定的。广东首条公路——惠平公路，就是张友仁在 1922 年主持兴修的。此后，他还修建惠樟公路、福（州）泉（州）公路和广汕公路。

1937 年七七事变后，抗战全面爆发。抗战中，张友仁积极抗日，展现了文人救国的大无畏气概。1938 年 10 月 12 日凌晨，日本侵略军从大亚湾登陆，入侵华南。10 月 14 日，日军入侵惠州城前，在城郊挂榜山遇到了顽强抵抗的中国士兵。张友仁在其自传中揭露日军使用了惨绝人寰的毒气战，“莫部温旅有三十余人守挂榜山新建堡垒，倭人绕登垒上，俯放毒气，垒中兵士尽死，尸体经月不腐”。日寇的凶残行径，令人发指。1939 年 1 月初，张友仁不顾自身安危，收拾挂榜山中国士兵的骨骸，还在水帘洞的山上举行了东江抗战殉国将士公葬典礼。

抗战全面爆发后，东江地区抗日救亡运动进入高潮。1937 年 8 月，香港、澳门同胞和海外华侨组织的回乡服务团体开始回到东江地区参加抗日救亡运动。1938 年 10 月，日军从大亚湾登陆入侵华南，东江抗日救亡运动空前高涨。12 月中旬，在中共东南特委的主持下，南洋惠州返乡会、香港惠阳青年会、余闲乐社和海陆丰同乡会代表召开会议，决定成立东江华侨回乡服务团，动员和组织爱国青年回乡参加抗日救亡运动。

1939 年 1 月，东江华侨回乡服务团在惠阳淡水正式成立，团长叶锋，副团长刘宣。东团成立后，先后组建了惠阳、海陆丰、博罗、紫金、河源、龙川、和平 7 个分团（后改为队）以及一个东江流动歌剧团，人数发展到500多人，活动范围遍及惠阳、博罗等13个县。4月，东团总团部从惠阳淡水迁到惠州，在惠州爱国人士张友仁大力支持下，把金带街张家梅花馆作为东团总团部办公地点。

东团的建立及其活动，有力地推动了东江地区的抗日救亡运动，也为东江党组织的发展发挥了重要作用。其大多数成员后来加入到东江地区的抗日游击队中，为东江地区的抗日救亡运动继续作贡献，许多人后来成为东江地区党组织的重要领导人。

丰山公园

丰山公园位于惠州西湖风景名胜区内，南面是菱湖，东侧为下角南路，与平湖、鳄湖相望。

东江人民历来富有革命斗争精神。特别是1919年五四运动爆发后，东江各地青年学生纷纷响应北京青年学生的爱国行动，把东江地区反帝反封建斗争推向新高潮。在先进青年知识分子刘尔崧、阮啸仙、张善铭、彭湃等人的引导下，东江各地先后有一批青年知识分子参加共产主义小组的活动。中国共产党成立后，东江地区的工农运动如火如荼，首先在海丰建立了中国第一个县级农会——海丰总农会。1925年3—11月，东江地区成为广东国民革命两次东征的战场，东征胜利后，周恩来主政东江。东江各地农会会员达几十万人，组织农民自卫军3万多人；工会组织亦近百个，工会会员几万人；党员发展到4000多

丰山公园一角

人。1927 年 4 月，国民党右派蒋介石反革命集团发动政变，大肆屠杀共产党员和革命人民，中共东江特别委员会领导东江人民发动讨蒋起义、秋收起义和年关暴动，迎接南昌起义军和广州起义部队进入东江地区。11 月，东江党组织率先建立苏维埃政权，创建革命根据地。1939 年 2 月，重新建立中共东江特委，领导东江人民抗击日本侵略者，创建东江纵队等抗日武装，开辟东江抗日根据地。日军侵占香港后，东江党组织和游击队配合中共中央南方局、八路军驻香港办事处、广东党组织和香港市委的领导机关，组织策应秘密大营救，成功营救被困香港的文化界著名人士和爱国民主人士共 800 多人，并接应从东南亚各国和港澳地区到内地参加抗战的爱国青年 2000 多人。抗日战争胜利后，国民党调集重兵，对东江地区进行大规模的军事进攻，采取"绥靖""清剿"等血腥镇压和残酷统治，东江党组织和革命武装力量根据中共中央的指示，开展游击战争。1948 年初，中共江南地委、中共江北地委、中共九连地委相继成立。1949 年 1 月，中国人民解放军粤赣湘边纵队正式成立，积极配合南下大军解放东江地区全境。中共东江地方党组织在新民主主义革命时期，经受了长期革命斗争的锻炼和考验。据不完全统计，东江地区在此时期为革命事业而牺牲的共产党员和革命者有 1.8 万人之多，其中有彭湃、阮啸仙、刘尔崧、张善铭等一大批著名共产党人。1984 年 12 月 2 日，在惠州西湖风景名胜区内由中共惠阳地委、惠阳地区行政公署兴建丰山革命烈士公园，建筑面积 3500 平方米，建有牌坊一座，上书"东江浩气"。纪念碑两侧有同盟会员、红军战士等六尊花岗岩大型人物雕塑。公园现为惠州市文物保护单位和爱国主义教育基地。

拱北桥

拱北桥位于惠州西湖北面的平湖渡口所附近，是西湖六大名桥中的第二桥，名取拱卫西湖之意。因桥下有 5 个孔，俗称“五眼桥”，据史料记载，北宋治平年间太守陈偁围西湖筑堤时，将西湖水位提高，与东江分隔开。当时为了方便行人，且便于西湖泄水，遂在堤中构筑了一座石桥，始称“陈公桥”，这便是拱北桥的前身。后改为拱北桥，并由惠州知府吴绎恩重建。此桥造型古朴，建筑牢固。拱北桥为西北至东南走向，桥全长 500 多米。桥体多数使用红砂岩石砌筑，6 个桥墩承托桥身，将桥分隔成 5 个半圆形拱券桥孔，每个桥墩之间的距离均 8 米。桥墩迎面以青色花岗岩石砌筑成三角形分水尖，桥面采用抗压力强的纵联砌筑法，每排石料错开，整体性强。该桥建成后历代均有修筑，既是惠州千年官道的桥梁，又是西湖泄洪东江的通道。

1925 年东征时，黄埔军校师生经此桥攻打惠州北门，现桥头有黄埔军官学校东征阵亡烈士纪念碑。1959 年，广东省交通厅公路局把拱北桥拓宽改为防洪通车两用公路桥，桥下五拱安置自动控制防洪铁闸。1973 年为发展西湖水产养殖，西湖管理委员会在旧陂上建成钢筋混凝土结构双曲拱三眼桥闸以控湖水。

拱北桥中间部分

拱北桥是惠州保存最好的具有明代建筑风格的桥梁，为研究桥梁建筑艺术提供了宝贵的实物资料。1990 年由惠州市人民政府确定为市级文物保护单位。

飞鹅岭

国民革命军东征旧址位于惠州市惠城区南湖畔的飞鹅岭上。

飞鹅岭西连螺山，三面环水，山势如飞鹅张翼。岭高75.6米，面积约6.5公顷，是控制惠州城的制高点，地理位置重要，历来是兵家必争之地。

1923年，为肃清东江的陈炯明军阀势力，以消除北伐的后顾之忧，孙中山组织了围攻惠州的战斗，并偕同苏联顾问鲍罗廷等登上飞鹅岭视察。1925年10月，国民革命军第二次东征攻打惠州时，飞鹅岭是攻克惠州的炮兵阵地。东征军总指挥蒋介石和总政治部主任周恩来等，曾经登上飞鹅岭视察和指挥攻克惠州的战斗。

经过浴血奋战，东征军以伤亡400余人的代价，10月14日攻克了号称“固若金汤”的惠州，使国共合作进行的第二次东征取得了决定性胜利。

飞鹅岭上的雕像

抗日战争时期，国民党军队曾经在岭上构筑了堡垒、战壕。1938年10月日军向惠州进攻时，飞鹅岭曾经是国民党军队的防御阵地。至今，飞鹅岭上还留有战争遗址——机枪掩体和战壕数处。1984年，飞鹅岭被列为惠州市文物保护单位。

黄埔军官学校东征阵亡烈士纪念碑

黄埔军官学校东江阵亡烈士纪念碑位于惠州北门、五眼桥边，是为了缅怀革命先烈，传承革命精神而修建的。

1925年10月，广东革命政府组织国民革命军举行了第二次东征，以黄埔军校师生为骨干的东征队伍曾主攻惠州北门，11 月取得了东征的全面胜利。为缅怀先烈，黄埔军官学校于 1930 年 3 月，在东征军主攻方向建立了东江阵亡烈士纪念碑。

碑高约 5 米，碑体正中铭刻林振雄的魏碑体大字“黄埔军官学校东征阵亡烈士纪念碑”。碑体正面基座的大字铭文是当年国民革命军东征军总指挥蒋介石的题词“精神不朽”。碑体两侧基座从右至左铭刻了当年攻克惠州时的阵亡烈士名单。碑体基座正后方仍然是林振雄的题词“气壮西湖”。

矗立的纪念碑

东湖旅店

香港秘密大营救惠州中转站旧址位于惠城区桥东街道上塘街 70 号东湖旅店。其原主人名为翟雨亭，原籍惠州，毕业于广东高等师范学堂，后受同学之邀赴福建工作，兴办建筑公司。1935 年，翟雨亭举家迁回惠州，在桥东东湖塘边购置 1000 多平方米的荒地，建造了一幢三层中西式洋楼。抗战期间，翟雨亭受各行业公推当选商会理事长。1938 年 10 月，惠州沦陷，桥西和桥东的旅店几乎被烧光，原有酒店和旅店无法复业。于是，部分有钱人家将幸免的房屋改为旅店，翟雨亭也把自己的洋楼改成了东湖旅店。

1938 年 10 月，日军从大亚湾登陆，广东沿海沦陷，香港成为孤岛。1941 年 12 月 8 日，太平洋战争爆发，日军占领香港，随即封锁交通，实行宵禁，大肆搜捕抗日分子和文化人士，形势十分危险。在中共中央、中共中央南方局周恩来的关心和指示下，八路军驻香港办事处、广东人民抗日游击队、中共南方工作委员会等组织，立即做了明确分工和周密布置，全力投入秘密大营救行动中。惠州作为中转站，在秘密大营救中发挥了重要作用。

当时，中共惠阳县委派出组织部长卢伟如到惠州，他以香港昌业公司总经理的身份包下惠州最高级的旅店——东湖旅店二楼整层作为秘密交通站，并设法同国民党驻军高层拉上关系，以掩护秘密营救任务。东湖旅店因地理位置好，临近水东街商贸码头，往来客商频繁，文化人在这里藏身不会引起怀疑。

秘密大营救从 1942 年 1 月起即紧张地进行，在香港党组织及进入港九地区的游击队员舍生忘死的掩护下，爱国民主人士和文化界人士安全地从九龙先后到达抗日游击队控制区，后分批转移到内地。其中，茅盾、胡绳、胡风、宋之的、张友渔、邹韬奋等 100 多人，被秘密安排在东湖旅店，停留数天后，才从水路离开。

秘密大营救的胜利，堪称中国革命史上前所未有的奇迹。

中华全国总工会惠州办事处旧址

中华全国总工会惠州旧址位于惠城区桥西街道都市巷 9 号。该建筑坐东向西，青砖瓦房，二进结构，中间有一个天井，共 8 房 2 厅，面积约 300 平方米，是中华全国总工会惠州办事处、广东省农民协会惠州办事处旧址，也是中共惠州地方委员会、惠阳县农民协会旧址。

已被保护起来的旧址

1923 年 1 月，中国第一个县级农会——海丰总农会成立。5 月，海丰、陆丰、惠阳三县的农会扩大为惠州农民联合会。7 月，惠州农民联合会再扩大为广东省农会，属下有粤东6 个县的农会，会员达到 13 万多人。1925 年 10 月，国民革命军第二次东征攻克惠州后，在惠州设立东征军惠州留守处，负责发展党团组织，开展工农运动。此后，在惠州的国民革命军中的共产党员、共青团员成立中共惠州支部，成为惠州工农运动的主要领导者。在中共惠州地方组织的领导下，惠州各行业工人纷纷组织起来，于 1925 年 10 月 26 日成立惠州第一个工会组织——理发工会。接着，船业、车衣、邮差、油业、茶庄、酒楼（制饼）行业等 10 个工会相继成立，各行业会员总共有 2896 人。1926 年 1 月，中华全国总工会设立中华全国总工会惠州办事处，领导惠阳、紫金、博罗、河源、龙川、和平、连平、新丰 8 个县的工人运动。1926 年7 月16 日，根据形势的需要，中华全国总工会撤消总工会惠州办事处，惠州地区的工人运动由惠州工人代表大会负责领导。1927 年4 月16 日，中华全国总工会惠州办事处、广东省农民协会惠州办事处和惠阳县农民协会遭到国民党反动当局查封。

惠阳市横沥地区人民革命烈士纪念碑

横沥是革命老区，有着光荣的爱国主义传统。抗日战争时期，日寇曾经到过横沥，但横沥人民并不惧怕他们，许多热血青年纷纷扛起枪来与侵略者作斗争。解放战争期间，横沥人民同样踊跃响应党的号召，前仆后继地投入到解放全中国的伟大战斗中，涌现出如曾求记、练进思、杨杰、钟明发等一批批革命英雄，其中钟发明老战士于 2005 年获得抗日战争胜利 60 周年纪念章。为缅怀革命先烈，横沥镇建有人民革命烈士纪念碑。

横沥镇人民革命烈士纪念碑建在县道 208 线（从横沥到芦洲）旁边，背依青山，面朝东江，整个纪念碑周边活动范围约有

高耸在东江之畔的纪念碑

600 平方米。纪念碑高约 10 米，上细下粗，底座四方形。碑身呈长方形，犹如在东江划船的巨桨，寓意东江纵队的战士，就是让革命走向成功的“船桨”。碑身上书有 16 个大字“惠阳市横沥地区人民革命烈士纪念碑”。

纪念碑基座上刻有 14 位革命烈士的英名。他们分别是曾进福、廖佛进、赖进财、翟佛仁、翟凤珍、曾幼思、曾求记、练进思、杨杰、谭家巧、简水源、黄新平、李丑、翟锡钧，并详细介绍了他们的英雄事迹。

据了解，横沥镇人民革命烈士纪念碑以前较小，整体高度不足 4 米。1999 年，在横沥镇人民政府的倡导下，很多部门和单位进行捐款，对革命烈士纪念碑进行重建，并于 2000 年 1 月顺利建成。

重修的纪念碑落成后，每逢清明时节，就有很多学校、企业和行政事业单位组织学生、员工以及党员干部，前来纪念碑扫墓，缅怀先烈的功绩。

中山公园

中山公园位于惠州西湖平湖东面的梌山上，是国民革命军东征遗址之一。

辛亥革命前夕，孙中山为了推翻清王朝的统治，曾两次派员到惠州组织发动了三洲田起义和七女湖起义。为了统一广东，肃清东江军阀反动势力，1923 年 7 月 23 日，孙中山亲自督军指挥攻打惠州叛军杨坤如。7—9 月，孙中山曾先后 4 次赴惠州梅湖、飞鹅岭诸阵地视察、部署攻击守城敌军。

中山公园内孙中山雕像

1928 年，为纪念孙中山鞠躬尽瘁，死而后已，致力国民革命的精神，人们特将惠州第一公园改名为“中山公园”。1937 年，又在公园内修建中山纪念堂。纪念堂宽 36. 6 米、高 16. 5 米。

1941 年，中山纪念堂被日机炸毁，后以赈款修复。新中国成立后，中山纪念堂进行了多次修缮。1964 年，将纪念堂的黄公柱题匾额“中山纪念堂”六字阴刻匾额依原字样改为阳刻。1978 年，又在纪念堂正门前加筑一个 112 平方米的平台。1986 年在纪念堂平台前矗立一座孙中山铜雕像。2002 年，再次对中山公园进行整治，将公园从 1. 5 公顷扩大至 3 公顷，筑底台升高孙中山铜像，底台四面为三洲田起义、七女湖起义浮雕，在正门处增建牌坊，上阳刻“天下为公”四字，牌坊中门左、右两侧各置汉白玉石狮一尊。

廖仲恺纪念碑

廖仲恺故里在惠州市仲恺高新区陈江街道幸福村，在村口有一座小山丘，山坡上有座用铁栅栏围起来的院子。院门前立有一块黑色的石碑，上刻“廖仲恺纪念碑”。

院子的门柱上挂着惠州市爱国主义教育基地、陈江街道中小学德育教育基地两块牌子。朝里看去，不大的院子分成上下两层，前面一层是小广场，是学生前来瞻仰时的列队场所；后面的高地上立有一座纪念碑，碑的后面是一排高大挺拔的南洋杉，枝叶茂盛，犹如一片绿色的背景。纪念碑的上部有一枚国民党党徽，下面并列着两块石碑，密密麻麻地刻满文字。

廖仲恺纪念碑

廖仲恺纪念碑全景

纪念碑碑身由水泥砖块砌筑，上面有个“人”字形碑帽，两边柱框上饰有五根凸出的线条，线条上有三道“×”，上面饰以斧钺，以表示其军衔，砖墙上并排镶有两块石碑，虽然碑上的文字已经刻了 90 年，却仍然非常清晰。碑题为“廖仲恺先生之碑”，碑文内容为介绍廖仲恺生平简历及其为革命作出的贡献。1925 年 10 月，东征军攻克惠州后，为了纪念廖仲恺之功绩，表彰其革命精神，国民政府在廖仲恺故居原址上建立纪念碑。1982 年 6 月 2 日，惠阳县人民政府将廖仲恺纪念碑列为重点文物保护单位，2004 年又被惠州市列为市级文物保护单位。

芦洲镇革命烈士纪念碑

芦洲镇革命烈士纪念碑位于富星村村委会旁边，这里是一片山坡地，以纪念碑为中心，周围占地面积约有 800 平方米。四周松树劲翠、山草繁茂，环境非常幽静。

纪念碑用白色瓷砖贴成，高约 5 米。长条形的碑柱上写着“革命烈士永垂不朽”8 个大字，底部一块碑分别刻着 4 位烈士的名字，从左至右是“团政委霍锡然、班长刘友、战士郭义、警卫员李仔”，字迹清晰，碑文落款时间为 1998 年重修。

纪念碑背面还写着 4 位烈士的英勇事迹，碑文摘抄如下：

富星村内的革命烈士纪念碑

一九四七年农历正月初七日，我中国人民解放军东三支一团在富尾村召开全团干部紧急会议，传达华南分局在香港召开的关于贯彻伟大领袖毛主席关于“集中优势兵力各个歼灭敌人”的会议精神，决定深入发动群众，扩大武装斗争，配合全国打倒国民党反动派，解放全中国。

会议期间，由于敌人告密，遭到来自观音阁、泰美两地区的国民党反动派匪军的袭击，在敌众我寡的情况下，我军为保存革命力量，毅然突围，同敌人展开激烈的战斗。在突围中，团政委霍锡然等四位同志不幸中弹壮烈牺牲。

为发扬光荣传统，缅怀英勇牺牲的革命同志特铭立此碑，以志后人。

革命烈士永垂不朽！

一九九八年九月重修

1946 年 6 月，国民党公然撕毁双十协定，内战再次打响。中

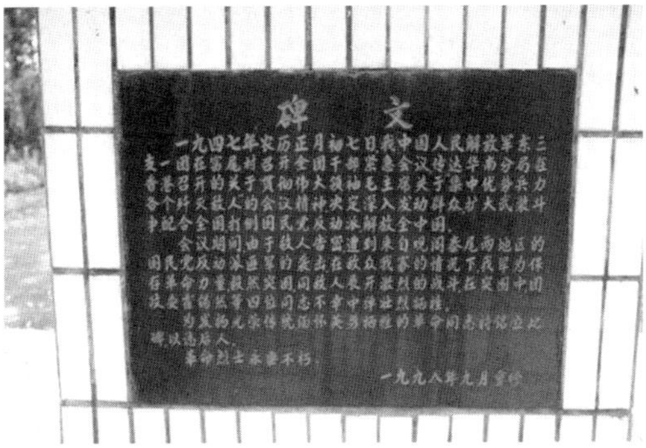

纪念碑上的碑文

共中央华南分局根据党中央的指示，决定广东全面恢复武装斗争。当时，解放军东三支一团团政委霍锡然到香港接受华南分局的指示回来后，于 1947 年 1 月 21 日在富星村召开全团干部紧急会议，传达中央和分局有关恢复武装斗争的指示。没想到在会议期间，被地主邓兆希（音）告密，博罗泰美、观音阁两地的国民党反动派 100 多人前来村里“围剿”。

当时是正月初七，家家户户都还沉浸在浓郁的过年气氛中，可这一切都被国民党反动派毁了。国民党反动派早上 7 时多就将富星村重重包围，进村后，拿着机关枪横扫，枪声、哭喊声、尖叫声响彻云霄。由于敌众我寡，我军为保存革命力量，决定突围，同敌人展开激烈战斗。直到下午 3 时多，战斗才结束。

游击队战士邓水英当时躲在墙与墙之间的狭窄过道上，幸存下来。他曾回忆说，战斗结束后，他们（指国民党反动派）还活捉了三四十个村民，抢夺了村民养的猪、牛等所有有用的东西。战斗结束后，我方牺牲了 4 名战士，村民自发组织安葬遗体。当时，霍锡然埋葬在离另外 3 名烈士 300 米左右的地方，直到 1977 年才将 4 位烈士移到现在的纪念碑下。

当前，富星村希望能成立专项资金，对纪念碑进行定时的维护，更希望可以将其作为一个德育教育基地，让后代特别是富星村的青少年铭记英雄的事迹。

特别注明：

文中“霍锡然”据考证，正确的名字应为“霍锡熊”。因为东莞市的中堂镇有过具体报道：

1987年4月，中堂镇人民政府为纪念霍锡熊烈士牺牲40周年，把烈士的骸骨从惠阳县富美村（现惠州市惠城区芦洲镇富星村）移葬到他的家乡斗朗村渡头。墓坐西向东，呈圆形体，半径2米，周围有约1米高的围栏，墓碑高3.6米，上窄下宽，钢筋水泥结构，顶有红五角星，碑上竖写红色大字“革命烈士霍锡熊同志之墓”，碑底座刻有霍锡熊烈士生平简介。墓地总面积约27平方米。

七女湖起义旧址

七女湖起义旧址位于广东省惠州市惠城区汝湖镇兴湖社区玄天上帝庙（俗称“上庙”）。清光绪三十三年（1907），孙中山先派许雪秋至潮汕运动，后遣黄耀庭、余绍卿、邓子瑜三人从南洋返香港筹备惠州及阳江、阳春等地起义，计划潮州、惠州同时起义。邓子瑜负责惠州起义之事。邓子瑜联络了归善、博罗会党首领陈纯、林旺、孙稳等人，计划在归善、博罗、龙门分三路起事。按孙中山意图，潮州“起义必须与惠州及钦、廉等地约定同举，以便牵制清军”。但四月十日（1907年5月21日）潮州黄冈祭神演戏时，军民发生冲突，

七女湖起义地点

潮州革命军十一日（5 月22 日）提前发动起义。邓子瑜得知黄冈起义猝发，即命陈纯等人在惠州响应。光绪三十三年四月二十二日（1907 年6 月2 日）上午，陈纯、林旺、孙稳等人在博罗县汝湖（今属惠城区）圩上庙杀了十几头猪就地砌灶烹煮，派人到圩内和乡村通知乡民到上庙会餐。酒过三巡后，三合会首领、汝湖下寮村人陈纯慷慨陈词，号召人们起来推翻清廷。二十五日，攻泰尾，大败清军。二十七日至杨村，二十八日向柏塘进发，随后分头攻击八子爷、公庄、横沥、梁化。归善、博罗、龙门各处纷纷响应。惠州协统两次派兵抵御，均被击回。两广总督周馥乃急调驻惠各路营勇与东路巡防各营赴援。义军与清军鏖战 10 余日，声东击西，来去飘忽，清军疲于奔命。此后，得知黄冈起义失败，其他地方因准备不足，未能起义响应，原定接济的枪械也不能如期到达，惠州义军孤立无援，弹药匮乏，遂拔队至梁化圩附近村落，掩埋枪械，宣布解散。部分退避香港，大部分退入罗浮山区。

附录三 大事记

1925 年

10 月，国民革命军开始第二次东征。第二次东征，由时任黄埔军校校长的蒋介石兼任东征军总指挥，黄埔军校政治部主任周恩来兼任东征军总政治部总主任。东征军于 10 月 5 日从广州向东江地区进发，11 日东征军中路进入惠州城郊。东征军经过 30 个小时的浴血奋战，歼敌 4000 余人，终于攻克了号称“固若金汤”的惠州城。

11 月 8 日，第二次东征胜利结束，国民政府出于对周恩来的影响力和其在东征中发挥重要作用的考虑，于 11 月 21 日任命其为广东东江各属行政委员。

1926 年

2 月 1 日，周恩来宣誓就职，开创中国共产党人在一个地区主政的先河。

1927 年

4 月下旬，中共海（丰）陆丰地委、汕头地委、惠州地委负责人相互取得联系的同时，也与中共广东区委恢复了联系。按照中共广东区委先夺取东江和北江，进而恢复整个广东革命斗争的计划，为统一指挥东江地区的革命斗争，决定组织东江特别委员会（特别委员会简称“特委”），负责指挥全东江党务、政治、军事等各项工作。随即，以彭湃、郭瘦真、杨石魂、林甦、张善铭、何友逖等人为委员的中共东江特别委员会在海丰成立。

7—9 月，根据中共广东省委的指示，东江特委派林道文同省委巡视员黄居仁到惠州整理党务，中共惠（阳）紫（金）河（源）博（罗）地委撤销，成立中共惠阳县委员会，隶属广东省委和东江特委双重领导。

1928 年

3 月，国民政府把位于惠州西湖平湖东面的梌山更名为“中山公园”。

5—7 月，由于党内“左”倾错误思想的指导和国民党军阀的武力“围剿”、经济封锁，中共惠阳县委面临严峻考验，虽组织东江地方武装举行了多次暴动，有力地反击了国民党多次的“围剿”，但因力量过于悬殊，各地工农武装不得不转入分散式的游击战，整个惠州的土地革命由高潮转入低潮。

10 月，组成海陆惠紫特别委员会，直属广东省委领导，并与东江特委保持联系。

12 月，广东省委决定海陆惠紫特委改为海陆紫特委，中共惠阳县委直属广东省委领导。

1929 年

2 月，东江特委转移到地处丰顺、五华、揭阳三县的八乡山革命根据地。

3 月，海陆紫特委机关从惠阳山区转移到海丰。

5 月，广东省委指示海陆紫特委再扩大为海陆惠紫特委。党组织抓住军阀混战的有利时机，发展革命武装，开辟海陆惠紫根据地，重新建立苏维埃政权。

10 月，海陆惠紫特委组建了中国工农红军第六军第十七师第四十九团，彭桂任团长，黄强为政治委员，编为 3 个营，有 400 多人。

1930 年

4 月，在东江苏维埃区域向潮梅地区扩大的过程中，随着各地党组织的恢复和发展，武装斗争的广泛展开，东江苏维埃区域形成一定规模。

5 月 1 日，东江地区第一次工农兵代表大会在八乡山革命根据地东江特委驻地召开。东江地区第一次工农兵代表大会的召开，宣告东江苏维埃政府和中国工农红军第十一军的成立，标志着东江革命根据地的形成。

6 月，广东省委指示在海陆惠紫革命委员会的基础上，组建东江苏维埃惠州十属特别委员会。全东江地区都列入东江苏维埃政府的管辖范围，有利于巩固和拓展东江革命根据地。

1937 年

4 月，惠阳旅港青年在香港成立香港惠阳青年会，开始时会员 400 余人，到 1939 年时增加到了 5000 余人。

8 月，省立惠州中学留省校友黄焕秋、叶汉生、李康寿等返回惠州，协助发动惠州学生开展抗日救亡宣传活动。

1938 年

10 月，广东青年抗日先锋队来到惠阳、博罗两地，除深入广大农村巡回演出外，他们还利用墙报、漫画、传单、标语口号、演讲、报告会等形式，开展抗日救亡宣传。

10 月 12 日，日军入侵华南，于凌晨在大亚湾登陆。

10 月 15 日，日军占领惠州。当时驻防惠州的国民党军师长莫希德闻日军登陆，仓皇逃往省城，惠州失陷。

10 月 24 日，中共香港海员工委书记曾生赴惠阳坪山组建惠（阳）宝（安）人民抗日游击总队，开始进行对敌的游击战。

1939 年

1 月，抗日先锋队惠州办事处成立，宣传中共的抗日主张，积极动员群众参加抗日战争。

1 月，日军自动弃惠。其间，日军纵火焚烧水东街及塘下街等繁华商业街商铺 200 余间，撤出惠州时，还炸毁府县两城交通要道——东新桥、圆通桥、近秀桥和横槎桥四座交通设施。

1941 年

5 月，日军第二次入侵惠州。9 日起，一连三天，日军飞机 30 余架次侵犯惠州城，轮番投弹轰炸、扫射，惠州多地遭到炸毁。

5 月 12 日下午 4 时，惠州第二次沦陷。

5 月 20 日，日军撤出惠州城。

1942 年

1 月，中共中央南方工作委员会副书记张文彬到阳台山抗日根据地的白石龙村召开游击队干部会议，在坪山成立了以林平为书记的中共广东军政委员会，统一领导东江和珠江地区的抗日斗争，并将广东人民抗日游击队改编为广东人民抗日游击总队。

1 月 25 日晨，日军酒井隆部中川联队步骑炮兵 2000 余人，由东莞越过广九铁路的樟木头，沿惠樟公路向惠州进犯。

2 月5 日，日军占领惠州城，惠州第三次沦陷。

5 月7 日，茅盾夫妇、张友渔等 20 多名第一批转移的文化界人士抵达惠州，住在东湖旅店。

1943 年

12 月2 日，在惠阳县土洋村（今属深圳市）进行整编，成立广东人民抗日游击队东江纵队（简称“东江纵队”或“东纵”）。

1945 年

1 月14 日，日军再次入侵惠州，国民党军驻惠州守军不做抵抗，弃城而逃，日军不发一枪一炮，长驱直入，侵占惠州城。

9 月 13 日，入侵惠州的日军投降仪式在惠州中山纪念堂举行，侵略者终于受到正义的惩罚。

1946 年

12 月，东莞、惠阳及宝安等地的中共党组织，动员东江纵队复员人员归队，组建武工队，开展武装斗争。

1947 年

春，根据中共中央香港分局会议精神，在惠州地区成立了中共江南地委（东江南岸），统一领导江南地区的工作。

3 月，惠东宝人民护乡团、惠紫人民自卫大队成立后，先后在马安、水口、小金口、陈江、横沥等地同国民党反动派军队发生过几次战斗。

7 月，国民党从惠州派出 1 个营的兵力，并纠集地方反动武装，沿着东江从水口一路向横沥进行“围剿”。

1949 年

10 月 14 日，粤赣湘边纵队东江第一支队司令员蓝造，率司令部和新编独立第三营 500 多人从淡水出发，经牛朗径、永湖等地，下午就来到惠州城郊下埔横江沥。城内居民自发组织了 100 人，敲锣打鼓迎接部队进城。

10 月 15 日，解放军大部队陆续进城。由于惠州驻敌在 10 月 13 日之前已经全部逃离，因此独三营进驻惠州城时，并没有遇到敌人的正面抵抗，惠州城和平解放。当日下午，战士们开始分组到惠州各处宣传解放军的“三大纪律”和“八项注意”，受到了惠州老百姓的热烈欢迎。

后记

惠城区地域辽阔，邻近港澳，地理位置十分重要。革命战争时期，这里战事频繁，在中国共产党领导下，英勇的惠城区人民与旧势力、外国侵略者、国民党反动派展开了不屈不挠的斗争，为中国革命作出了重要的贡献。中华人民共和国成立后，在各级党委、政府的正确领导下，恢复生产，发展经济，特别是在改革开放以来，大胆解放思想，发挥地理位置优势，敞开大门，大搞引进，借助外力，走跨越式发展经济的道路，取得了十分可喜的成就。党的十八大以后，加大改革开放的步伐，更取得了长足的发展，创造了十分丰富的经验。以上均属于编纂《惠州市惠城区革命老区发展史》的范围，要表述的内容十分丰富，时间紧，任务十分艰巨。为完成这一光荣的任务，我们把压力当作动力，把困难当作考验，把高质量完成任务当作责任与贡献，发扬主动、团结协作、争创优秀三种精神，日夜兼程，跑遍每一个革命老区村，并深入到有老区村史实的部门搜集资料，进行科学编排，形成初稿。

这是一部全区上下通力完成的史书，在这里我们要十分感谢广东省老促会、惠州市老促会以及区委、区政府的高度重视，从人力、物力、财力上给予大力支持，为完成任务创造了十分有利的条件。区直有关部门及有关镇（街道）、革命老区村为我们提供了大量的史实资料，为较好、较全面、较系统地编纂本书提供依据，特此表示致谢！特别值得一提的是，区方志办、区党史办、区档案馆、区委党校等单位的领导自接到协助撰写该书的任务后，有的领导亲自上阵，有的派出业务精干人员帮助收集资料，提供素材，并认真校审，让我们深受感动。同时，还要感谢区老促会各位老领导、老同志，他们中年纪最大的有76岁，在编撰工作中还亲自下乡进行调查，对书稿进行整理，这种求真务实的精神，让我们深感钦佩。

由于时间比较仓促，难免有不足之处，恳请各位专家学者批评指正。

刘育青

2018年10月